惊讶心理学

拥抱不可预测性并策划
让人意想不到的事

［美］塔妮亚·露娜　Tania Luna
莉安娜·伦宁格博士　Dr.LeeAnn Renninger

SURPRISE

Embrace the
Unpredictable and
Engineer the
Unexpected

卓越教师网

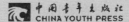
中国青年出版社
CHINA YOUTH PRESS

中青文传媒

图书在版编目（CIP）数据

惊讶心理学：拥抱不可预测性并策划让人意想不到的事 /
（美）露娜，（美）伦宁格著；汪建军译
—北京：中国青年出版社，2015.6
书名原文：Surprise: embrace the unpredictable and engineer the unexpected
ISBN 978-7-5153-3283-3

Ⅰ.①惊… Ⅱ.①露…②伦…③汪… Ⅲ.①心理学 – 通俗读物 Ⅳ.①B84–49
中国版本图书馆CIP数据核字（2015）第071018号

Surprise: Embrace the Unpredictable and Engineer the Unexpected by Tania Luna and
Dr. LeeAnn Renninger
Copyright © 2015 by Tania Luna and LeeAnn Renninger
Simplified Chinese translation copyright © 2015
by China Youth Book, Inc. (an imprint of China Youth Press)
Published by arrangement with Curtis Brown Ltd. through Bardon–Chinese Media Agency
ALL RIGHTS RESERVED

惊讶心理学：
拥抱不可预测性并策划让人意想不到的事

作　　者：〔美〕塔妮亚·露娜　莉安娜·伦宁格
译　　者：汪建军
责任编辑：肖　佳　庞冰心
美术编辑：李　甦
出　　版：中国青年出版社
发　　行：北京中青文文化传媒有限公司
电　　话：010–65511270/65516873
公司网址：www.cyb.com.cn
购书网址：zqwts.tmall.com　www.diyijie.com
制　　作：中青文制作中心
印　　刷：北京中科印刷有限公司
版　　次：2015 年 6 月第 1 版
印　　次：2015 年 6 月第 1 次印刷
开　　本：880 × 1230　1/32
字　　数：140 千字
印　　张：8
京权图字：01–2014–2737
书　　号：978-7-5153-3283-3
定　　价：35.00 元

SURPRISE
E

Embrace the Unpredictable and
Engineer the Unexpected

目录

Embrace the Unpredictable and
Engineer the Unexpected

前言
我们的故事

亲爱的读者朋友们，你们好。虽然我们只是刚刚相识，但我们已经可以对你做一些预测了。你的生活肯定充满了不确定性和复杂性（即使看起来简单的事情，实际上从来都不简单），你发现它们神秘难解，让你心烦不已。但是，它们也会激起你的兴趣，有时候甚至会激励你。你希望生活中让你感到惊讶的事情少一点，但有时，当你发现日历上排满的聚会档期尽管自己似乎忘了，但它们正在进行着，你又会希望让你感到惊讶的事情多一点，希望充满惊奇、活力以及冒险的事情多一些。我们懂得你的感受，因为我们也曾经历过。正是我们个人的关于惊讶的故事改变了我们的生活，才得以写成这本书。

决心迈进黑暗之门：塔妮亚的故事

我把两根手指搭在脖子上，感觉像是有个小怪物在用拳头使劲砸我的颈动脉。砰，砰，砰。到现在为止，这对我来说已是很熟悉的感觉了，然而我还是控制不住想笑，所以不得不屏住呼吸。虽然我已经长大了，但是此刻的我跟小时候玩捉迷藏蜷缩在朋友家壁橱的下层里一样地欣喜。我站在一个公用电话亭里，电话亭很小，上面还黏着口香糖，闻起来有一股啤酒的味道。但这的确是一个绝佳的藏身之地。我能透过铁片的缝隙看到外面的人，而外面的人却全然察觉不到我在看他们，况且这是在大中央车站附近一条繁忙的城市街道，所以实际上我是隐形的。有人从我身旁走过，我赶紧拿起电话放到耳边。话筒黏黏的，我马上就后悔了。此时我感觉那拳头在脖子上砸得更厉害了，我不得不用手捂住嘴，就怕笑出声来。那个陌生人继续往前走了。哎，虚惊一场！我深呼一口气，终于咯咯地笑了一声。我喜欢这样的工作。

有时候，向他人介绍我谋生的职业有一点点尴尬，尤其是在背景音乐很吵又是闲聊性质的派对上，解释起来更是困难。

"那你是做啥的？"

"我从事惊讶行业。"

"你说什么？"

"我的工作是制造一些让人们惊讶的事件！"

"你做什么的？"

"让人们感到惊讶！！！"

在这个时候，他们要么突然想跟他人确认一下到底听到的是什么，要么所有的事情戛然而止，并且让我感觉最不舒服的是，我成了他们注意力的焦点。一堆人围在我身边，满脸渴望的神情，期望我讲一讲自己的职业选择，好从中得到娱乐消遣。他们会说："你一定玩得可开心了吧！""你做的最让人们惊讶的事情是什么？"我不想让他们失望，所以就精挑一些容易讲又听起来跟电视节目真人秀一样的零碎故事讲给他们听。但自始至终，我真的想关小音乐，邀请他们坐在舒服的椅子里，然后把曾经制造的让人惊讶的所有事情中最让人惊讶的故事娓娓道来。这样并不是幼稚或哗众取宠，只是不适合这样的闲聊。但正是由于这样的原因，我决定写这本书，告诉众人"拥抱让人惊讶的事情"改变了我的人生。

我看了一下时间，透过电话亭的缝隙往外又看了一次。等待是我工作中最艰难的一部分，但我喜欢品尝期待的这种味道。现在的每一分钟里，我注视的那个街拐角都会出现一张张焦急却很兴奋的面孔。那是我们的客户，我们要带他们体验一次惊讶之旅。你会想，我肯定是最平静的人，因为我知道整个计划，但即使我从事策划惊讶事件的事业已经6年了，"平静"这个词也很少出现在我的字典中。是的，我的确知道计划，但事情会瞬间改变，我必须做好准备，迎接生命里下一刻发生的转机和混乱导致的不可预测性。我意识到，自己在期待预料之外的事情发生，而这样的想法竟让我咧嘴笑了起来。

我并非一直就是这样的。如果时光倒流至我的童年，你会发现那个小女孩是多么憎恨让人惊讶的事情，她甚至禁止家人送她意料之外的生日礼物，所有的生日礼物必须至少提前一周获得她的批准。随着时光的流逝，她对惊讶事情的厌恶只增不减，并且变得更复杂。到了上高中时，她的电脑里放了各种人生规划的电子表格（按一个月、六个月、一年、五年和十年这样递增），甚至记下了自己在各种关系中已经体验的情绪和打算体验的情绪。虽然现在那个蹲在既黏又有一股酒气的电话亭里的女人依然感觉脖子里在砰砰砰地响（如果不加控制的话），但现在她接受了让人惊讶的事情，甚至大多数时候渴望惊讶的事情发生。

最后，他们来到了街拐角。我单从面部表情就认出了他们，其中一些人咯咯地笑着，像孩子一样互相戳对方，另外一些人互相挽着手臂，还有一些人看起来好像生气的样子。我已经非常熟悉所有这些对惊讶的反应，就像对胸膛里让人兴奋的砰砰砰的响声一样熟悉。我抓起手机，在屏幕上输入

"过街"两个字，然后按了"发送"键。短信飞过街道，所有人的手机同时响起。一等他们按我的指示过了街，我又在手机里输入"很好。现在登上即将到达的下一辆地铁，你会知道什么时候下车"。我知道他们收到了短信，因为他们转身围成一圈，想弄明白我是怎么看到他们的。这时我的手机震动了一下：

"只是上车而已吗？！？！？！"

"是的。"

他们现在还不知道，但他们登上的不仅仅是地铁，他们走进的地铁正是我们这个变动不居、充满惊讶的世界的鲜活比喻，并且这不仅仅是度过星期二下午一种好玩的方式，它还是一种训练，其所培训的技能可以决定个人和组织能否适应这个瞬息万变的世界，能不能在这个新世界中繁荣发展。这些技能我们大多数人都没有掌握，原因是我们在成长过程中接受到的东西让我们相信，世界是可预测的，世界在我们的掌控之中。事业做到了最成功，或是平淡无奇，区别在于这些技能；各种人际关系让人得到了满足，还是没有新鲜感，区别在此；个人是激昂的探险者，还是感觉陷入僵局茫然失措，区别也在此。正是这些技能，把我们的工作与生活变成了有意义的探险；也就是这些技能，让我从一个焦虑、情绪麻木的控制狂变成了能在电话亭里欣喜若狂的人。

从规划惊讶事业到制造事件让他人惊讶

我姐姐凯特和我在做这门生意时（后来发展成为惊讶产业公司）是以这样一个问题开始的："要是人们报名参加一项不同寻常的活动（不管是骑单轮脚踏车还是做冰雕），却在真正参与到活动中之前，对自己要做什么一无所知，会怎样呢？"这个实验吸引凯特是因为她喜欢积累新经历，吸引我是因为我喜欢给别人惊喜（尽管我讨厌自己感到惊讶）。那次谈话之后，我通宵达旦地起草商业计划，当然了，也做了很多总体规划的电子表格。一想到永远不会成为自己的客户，我就咯咯地笑个不停，还期望能从掌舵的安全感中找到无限乐趣。

随着事业加速发展，我对控制和预测性的错误观念灰飞烟灭。我意识到，我不仅仅没有掌舵，甚至连舵都没有。大多数时候，我发现自己就像坐在一艘破船里漂泊在大海上，没有地图引导我靠岸。很长一段时间，我都在做心理学上所谓的并非心甘情愿的挣扎，当然，有时的确是又踢又尖声大叫的，丝毫不情愿。我们怎么才能找到新客户呢？谁愿意让我们为之负起责任呢？给我们的服务定价的最好方法是什么？没有人能给我答案，因为还从来没有人尝试做这样的买卖。我每天早上的生活都先是"我不想起床"，然后急匆匆赶到公司，只听到整个公寓里的门一个接一个砰砰地关上（由于某些原因，房里有很多门）。我真不想接受这样一个我无法做出精准规划的世界。然而，它就在那里，在我的四周起起落落、旋转萦绕。

不知怎么的，我终于腾出足够的时间喘了口气，我意识到，在经历创业的混乱期间有一些特别的事情发生了。我们的客户在奇奇怪怪又愉快美妙的活动中有了改变。他们起初参加让人惊讶的冒险活动时犹豫不决，但结束时，他们每个人表现出的活力以及他们之间形成的关系我都未曾经历过。我发现自己禁不住地在想，"这就是我想要的。"

与此同时，开一家公司似乎还不够让人晕头转向，我无意间又开始和布莱恩（我的现任丈夫）谈恋爱了。从那时起，我所有准备记录自己的感觉甚至对周末的安排等这些尝试都遭到了回绝。布莱恩会说，"顺从自己吧""用心感受就行"，这对我来说就相当于告诉视觉非常弱的星鼻鼹①"用眼睛看就行"一样。我怎么能让自己去感受一些不能用一句话表达清楚的东西呢？我怎能放任自己到没有心理安全保障就行动的地步呢？

坠入爱河的感觉既恐怖又十分美好。没等我弄清是怎么回事，我的生意和恋爱已经改变了我的世界。以前我的世界十分安全，是可预测的，现在却是惊讶不断，永远出人意料的。我一度感觉头顶上悬着两扇大门，一扇通向灯光明亮的房间，另一扇通向无尽的黑暗。走进第一扇门意味着放弃我的生意，找一份现实稳定的工作，放缓我的恋爱速度；进入那扇黑暗之门则意味着，为惊讶产业公司、布莱恩，甚至可能我所有的梦想，奉献自己的一切。

---

① 星鼻鼹，生长于北美洲东部，鼻尖长有21只像星星的光芒一样的触手，多数时候不是靠眼睛来确定猎物位置，它透过触手找到猎物的能力比其他鼹鼠单靠视觉捕食的能力强数倍。

我在这两扇想象中的大门前踌躇良久，最终抬脚迈进了那无尽的黑暗。

自我改头换面后，各方面最令人吃惊的是我的情绪。我完全沉浸在惊奇、狂怒、愉快、悲痛、惊惧、希望以及喜悦等各种各样的感觉中，自儿时以来我从未经历过这样高强度的感受。我曾学着保护自己免受负面情绪的影响，但这样做也扼杀了积极的情绪。拒绝了让人惊惧的坏事情，我也就阻挡了让人惊喜的美好事情。

2010年，大约在我真正做到改头换面的时候，我遇到了莉安娜·伦宁格，也就是本书的另外一位作者，更是我的挚友以及同事。之前我在"实战"中研究惊讶的时候，她在实验室里做着同样的工作。除了作为研究型心理学家取得的成果之外，她还创办了一个叫作纽约生活实验室LifeLabs的网络课程培训中心，培训的技能是关于工作和生活的，是我们在学校永远都学不到的，如正确提问、做反馈、合作能力、反弹力等，还有很多很多。她还乐于策划惊讶事件，帮助企业更好地凝聚员工和培训员工。最奇妙的事情在于，莉安娜和我之前一点都不知道对方的存在，各自却都把自己的研究称为惊讶学（Surprisology），即研究惊讶的科学，并且各自都为之着迷不已。

我们第一次见面是在布鲁克林的一家咖啡馆。两杯泡沫红茶过后，我们交流的想法写成文件都能装满好几个文件柜了。很明显，我们当时的目标是（现在也是）帮助个人和企业拥抱让人惊讶的事情、制造让人惊讶的事情，从而让每个人都能得到我们在客户身上和自己身上见证的改变。到我们见面结束的时候，我们意识到惊讶产业公司和纽约生活实验室必须结合起来，而写这本书的想法也在那个重要的偶然会面中应运而生。

只有无聊的小孩才感到无聊：莉安娜的故事

可以肯定地说，塔妮亚和我都迷恋惊讶，但是我们很早就意识到，惊讶在我们两人的生活中扮演了大为不同的角色。塔妮亚面临的挑战一直是如何在自己的成长过程中拥抱让她惊讶的事情，而对我来说，我认为世界上最坏的事情莫过于没有足够让我感到惊讶的事情，就是那种活得感觉不到自己存在的生活状态。因此，我的一个使命就是，感觉到自己没有从生活中得到满足时，把对生活的要求再提高一点，而这一切从我12岁的时候就开始了。

那时我父母开始做一个家庭建设项目，两个人都为此极其兴奋。他们计划从零开始为我们设计并建一座新房子。对于我这个不到13岁的孩子来说，这件事也就让我兴奋了两周而已。但两周之后，父母还要我陪他们参观每个工地。我所有的朋友都在外面玩耍，我却在新房子框架周围游逛，或坐在工地上看着建筑工人拿着木板和水桶忙来忙去。尽管父母尽力逗我开心，但一连好几小时我都感觉无聊，超级无聊，无聊得难以控制。一天，我突然想到，自己遭受的正是全世界最悲惨的命运。没有哪个孩子应该被强迫参加家里的盖房子工程啊，我这样想。难道他们没有发现吗，我对于把自己的时间浪费到那样的事情上完全没有兴趣！

我一直都是个听话的孩子，但是在那天，我觉得自己要做的事没人能阻挡。我必须要做点什么，让全世界都知道我人生中受到的委屈。因此，在那天晚上，等施工现场一片漆黑之后，我悄悄来到工人们刚装好的崭新的蓝色隔热板旁边。那可是我父亲引以为豪高兴不已的成果，他总是说，我们一定要小心，因为即使是最轻微的凹痕也可能让空气穿过墙体进入屋内。我抓起一把螺丝刀，使劲插进隔热板，然后刻下我能想到的最坏、最有侮辱性的两个字。我愤怒地写完两个大大的字，还在后面故意加了三个感叹号：

无聊！！！

我想表达的是：这隔热板无聊。你们所有人都无聊。这房子也无聊。我受够了。你们都好好看看！！！

第二天到了学校，我意识到，写那巨大的**"无聊"**宣言书实际上并不妥当。我觉得无聊并不是我父母的错误！他们总会给我们展示新事物，甚至带我们游玩全美国，这样我们就能发现很多新地方。盖这座房子，他们是希望我们所有人作为一个家庭能在一起开始新的冒险。我不但不感激，相反还故意搞破坏。想到这儿，我上课时难以集中注意力，也难以专注午饭，甚至跟朋友聊天时也是如此——满脑子想的是，怎样能尽快回到建筑工地，神不知鬼不觉地瞬间把毁坏的隔热板压成蚀刻版画。放学后，我一路狂奔往回跑，跑得感觉喉咙发干，心脏跳得快顶到嗓门儿上了。等我终于跑到工地，我整个人都僵在了那里。令我吃惊的是，有人回应了我在墙上写的字。那人用三福记号笔在我写的字前面跟后面加了10个简单的字：

只有无聊！！！的小孩才感到无聊！

看到这个，我整天的担惊受怕瞬间变成了愤怒。"什么？！谁敢这样说！这个地方无聊，不是我无聊！我不是无聊的小孩！"我这样一边想着，一边凶狠地盯着那面墙。但一转念间我又想："或者我真的很无聊？"

我百分之百确定那字迹是我爸爸的，但他对于墙上的字却只字未提。第二天，建筑工人在那些字上面安装了干墙①，而字迹就留在了进屋时的右手边，所以我每天回家都得从那里穿过。它们成了房子的一部分，也成了我记忆里的一部分。

从那时起，我下定决心永远不要再觉得无聊。我很快发现，无聊的终极解药就是惊讶。于是，我再次进入建筑工地时开始带上一种全新的视角，不断搜索那里任何不寻常和意料之外的东西，虽然我认为自己对那工地熟悉得比字母表都更多。我把一些稀奇古怪的东西如水泥跟泥浆以及土壤覆盖物掺在一起，想看看会有什么反应，就这样，一连好几个小时我都坐在路边一直做实验。妈

---

① 建房用的是干墙，即在工厂完成预制构件、工厂化部品而在施工现场"装配"的墙体。现场拼装轻钢龙骨的框架，然后在框架外装石膏板，石膏板和轻钢龙骨之间会填充吸音棉和保温隔热材料。——译者注

妈发现我有了新的好奇之物，就给我买了一个显微镜。我拿着显微镜跟建筑工人一起查看我发现的所有东西。不管是钢筋水泥土、隔热板、唾沫，还是花生酱三明治，所有的东西都会引起我的注意。不用显微镜观察东西的时候，我就在工地上建造跨越障碍训练场并记录我的进展。在学校，我总是对气球里的氦气等东西感到惊奇。我习惯了在每个地方都搜寻让我感到惊讶的东西，甚至试图在默茨老师身上寻找有趣的东西，要知道，以前她可是世界上最无聊的班导师[①]。我不再闲坐着等有趣的事情发生，反而主动去寻找预料之外的事情。我的人生变成了对让人惊讶的事情的探索。

这种探索一直持续了下去。在大学里，我主修实验心理学，之后离开家乡宾夕法尼亚州去夏威夷、英国和澳大利亚的维也纳大学做研究生科研。在那些地方，正当我最需要惊讶的时候，它们却和我再度上演了一段不美丽的故事。

在意料之外的地方寻找真实的快乐

借助一个能跟踪面部表情的电脑程序，我曾花好几个礼拜研究那些记录了参与者描述自己最快乐记忆的镜头。这听起来可能挺有趣，但在我心中，还不如说是纯粹的数据研究。一种令人着迷的好奇心把我带进这个研究室，但那种诱惑力却已经褪去了，或许只是因为要输入一堆一堆的数据，还要给一摞文件评分，因

---

① 班导师，美国学校在早上上课之前，学生要到课前点名教室点名，该教室的点名老师就是该班的班导师，也称级任老师或主管教师。

而诱惑力被遮住了。有一天，我把他们快乐故事的录像声音调低，这样我就能专注于项目的分析。我的眼睛逐渐火辣辣地疼了起来，感觉心也变得麻木不已。还没意识到怎么回事，我已经发现自己又开始感觉无聊了。

但是在接下来，程序输出了一些奇特的东西引起了我的注意。那些东西跟我的研究没有半点关系，但我不知怎么就陷了进去。我发现大多数参与者脸部肌肉有轻微的运动变化，这种情绪归类为满足或满意，就像吸入清新的微风或尝到了刚好熟透的草莓时那种非常美妙而又柔软的感觉，但数据中偶尔会出现一个波峰，表明参与者感受到了一种称为"真实的快乐"的情绪。就情绪本身而论，真实的快乐才是真正的快乐。它不是出于礼貌而做作的笑容，也不是喝了一杯好喝的咖啡而产生的反应，而是包含任何感觉起来就像有许多蝴蝶或香槟酒泡泡在胸膛里涌动的那种喜悦感。它可以让你笑得眼睛起皱，脸颊酸疼。这种快乐很真实、让人难以自持，跟雨中起舞那种感觉一样。大多数参与者没有这样的经历，但少数人有，这是为什么呢？

我把录像的声音调大，然后仔细查看是不是其中存在某种模式。当然了，真的有。最快乐的参与者分享的回忆中都包含有惊讶的元素。它们不一定非得是童话中才有的求婚仪式或者是买彩票中了大奖，其中很多惊讶元素甚至不完全让人感觉愉快。一位女士讲，她在婚礼上高跟鞋坏了，不得不一瘸一拐地从婚礼的通道上走过去。她的朋友和家人咯咯直笑甚至大笑，在她费尽力气终于走到新郎面前时，所有人都爆发出剧烈的掌声。回想起这段经历时，这位女士两眼发光，满脸通红。这不是计划中最完美的婚礼上应发生的事情，但结果却是，让我们感到最高兴的，不是那些计划完美并控制好的时刻，反倒是那些让我们感到惊讶的。

看吧，又来了：这再次提醒我们，惊讶事件可以对我们体验世界的方式产生巨大影响。**我们在事情确定的情况下感觉最舒服，但在不确定的时候才最能真实地感受到自己的存在。**我不想再活得感觉不到自己的存在，哪怕一分钟都不愿意浪费。

几年后，这个发现以及我小时候在屋里刻字的回忆启发我创办了纽约生活实验室。最终，我决定就惊讶科学方面设计一个工作坊，所以马上就上网去买Surprisology.com（惊讶学）这个域名。让我惊讶（又丧气）的是，这个域名已经属于别人了，使用这个域名的是一个博客，所属公司名叫惊讶产业，主要业务是……等一下……什么？惊讶？！接着发生的剧情简直比虚构的小说还离奇，就在我偶遇惊讶产业公司之后不久，那家公司的一个人给我打电话，问我是否愿意合作。呃……当然愿意啊！

塔妮亚和我第一见面时，我们如数家珍地讲了各自的人生故事。我们发现，有一些事永久地改变了我们看待工作、人际关系以及周围世界的方式。塔妮亚学会了通过拥抱她人生中的不可预测性来享受让她惊讶的事情，这种转变让她敢于大胆冒险并追随自己的激情，尽管前方的道路充满未知，但拥抱不可预测性还只是故事的一半。而我必须要学会的是，如何系统地制造出乎意料的事情，也就是说，怎样利用惊讶事件让更多人获得我如此珍视的真实存在感。最让人欣慰的是，生活中这些看起来巨大的改变实际上超级简单。我们无须每天早上静坐冥想，无须喝绿色果汁，也无须接受治疗或吃药，更不需要对着镜子背诵誓言。我们要做的只是了解惊讶事件是如何发挥作用的，以及如何把惊讶事件当作一个工具来使用。

如今，惊讶产业公司仍带领人们体验让人惊讶的冒险征途。在纽约生活实验室，我们还利用惊讶科学让学习变得快乐有趣，更引人入胜。我们帮助企业减少负面的惊讶事件，编织令人更愉快的惊讶事件。塔妮亚和我还举办讲习班让更多人了解惊讶的力量，同时做了不少惊讶心理学方面的研究。到今天，我们曾无数次看到，了解惊讶激发了创造力，促进了思想的传播，减少了焦虑，解决了冲突，并让我们的生活和工作更充实、更有意义。"惊讶"这个词已经成为我们的快捷方式，而我们的目的就是把这个快捷方式送给你。

美好前景：塔妮亚与莉安娜携手共创

你将读到的不完全是一本励志书籍。我们没有在书里讲财富和快乐的6个秘密，也没有讲成功的5大支柱。相反，我们和你分享的是我们的视角：从惊讶的角度去了解这个我们已认知的世界。尽管我们两个人都是心理学家、研究者、教育者和企业家，但我们首先是惊讶学家。这本书是惊讶的颂歌，也是给你——我们的读者——的邀请函，邀请你也从惊讶学家的视角去看这个世界。

你将发现让工作和生活变得更精彩的奥秘，了解惊讶事件在你的工作、人际关系以及日常生活中如何发挥重要作用，还可以学会现代社会中非常重要的新技能。你会了解怎样更好地拥抱不可预测性，你将会成为惊讶的代名词，会拥有比现在更多的能量去制造出乎意料的事情。将来你会发现，不管是想追随自己的激情，培养自己的人际关系，还是想生活得更舒心，这一切都会变得更容易。在不久的将来，你会实现脱颖而出，并对他人产生更深刻的影响。如果这些听起来让你觉得太美好而不敢信以为真……嘿，不要什么都不信啊。

在接下来的两章里，我们从微观和宏观的角度审视惊讶，看一看它在你的大脑中和你的生活中是怎样产生作用的。接着，你将学到怎样拥抱惊讶事件，而不让它永远成为一个威胁赫然耸现，导致你的眼界受限，也不要让它成为你前进的障碍。随后，你会更加擅长让他人惊讶。最重要的是，你将明白如何娴熟地把惊讶事件运用到自己的人际关系和日常生活中，从而让自己更有活力、更有成就感。与此同时，你会了解到一些非常有趣的研究，遇到很多懂得拥抱并通过制造惊讶事件鼓舞人心的人。不管我们的故事把你带到纳米比亚还是纽约，带到小学课堂还是企业会议室，你都会从中获得可应用于生活中方方面面的珍贵的顿悟。我们觉得，你将学到的东西的实用性和简洁性都会让你惊讶不已。

SURPRISE!

Embrace the Unpredictable and
Engineer the Unexpected

第一部分

了解惊讶

最明亮的欢乐火焰通常都是由意外的火花点燃。

——塞缪尔·约翰逊（英国作家、文学评论家和诗人）

我们先来做一个关于惊讶的小测试吧。别担心，你可以用一生为它做准备。

1. 什么是惊讶？
   A. 一种情绪　　　　　　　B. 一种心理状态

2. 你身体的哪部分能感觉到惊讶？
   A. 胃　　　　　B. 胸腔　　　　　C. 脸

3. 感到惊讶的时候，你看起来是什么样子的？
   A. 眼睛睁大　　　　　　　B. 嘴巴张大
   C. A和B　　　　　　　　　D. 以上都不是

4. 你多久会感到一次惊讶？
   A. 很少　　　　　　　　　B. 偶尔
   C. 经常　　　　　　　　　D. 每天

把书倒过来查看正确答案。

只是开玩笑啦，根本没有什么正确答案。我们在工作坊里和主题发言中提出这些问题时，答案五花八门，这让你觉得我们甚至不是同一物种。科学家至今也仍在争论惊讶到底是什么[1]，会在身体哪部分发生，甚至在争论惊讶的面部表情到底是什么样子的。

假设惊讶在所有文化中都存在，那么你就会认为，现在我们可能已经弄明白了惊讶是什么 。但是，惊讶仍然难以捉摸且广遭误解。一些心理学家称为情绪，其他心理学家则认为它是一种认知状态[2]。关于惊讶的最大错误观念之一就是，惊讶几乎很少发生。实际上，我们人类一直都在感受惊讶。读完本部分内容，当惊讶在你的大脑和你的世界中发生时，你就会变得善于发现它们。

第一章
大脑中的惊讶
Chaper One

　　想象一下：20万年前，你坐在一块大石头上，手里捧着一把鲜嫩多汁的浆果，旁边坐着你的兄弟，穴居人比尔。你们在一起尽情享受着美味的恩赐，脑子里除了甘甜的味道什么也没想，但是突然间，你们面前跳出一只剑齿虎①，它流着口水，对着你露齿咆哮。你会做什么？

　　如果你有能力感到惊讶，那么，你整个人瞬间就僵滞了，浆果还嚼在嘴里，精神高度集中。在一秒之内，你的大脑会记下剑齿虎的尖牙、爪子还有那不太友好的"身体语言"，并且做出价值

---

① 剑齿虎，古代哺乳动物，猫科剑齿虎亚科，上颚有一对长剑形犬牙，故名。上犬齿最长可达20厘米，用来刺砍猎物。

判断（"这下可坏了"），还会从环境中汲取信息（往哪跑，往哪藏）。接着，你的其他本能反应产生作用，你会比奥运会短跑运动员都跑得快（只是那时还没有奥运会）。如果有幸虎口脱险，你就会变得更机灵。你可能会把自己的故事讲给那些住洞穴的朋友们听，帮助他们也变机灵。

现在我们来看看穴居人比尔怎么样了。由于比尔没有继承能感受惊讶的基因，所以剑齿虎出现时他的反应就不一样了。他还站在那里，继续吃着浆果。多亏了你反应快，才险中逃生，从而继续把感受惊讶的基因传给后代，而可怜的穴居人比尔就成了史前的早午餐。

借助惊讶基因，我们的祖先也得以找到吃、喝以及繁衍后代的机会，这是由于感受惊讶的能力保护他们免受危险的伤害，指引着他们发现机会。如今，感到惊讶几乎不再关乎生死存亡，但我们的身体依然无法改变用同样强烈的程度感受惊讶的本能，这就解释了惊讶事件会在我们日常生活中扮演重要角色的原因（即使我们并没有注意到它的发生）。

在本章，我们深入研究一下大脑，看看惊讶到底是什么，到底怎样影响我们的行为。在可能的情况下，我们会引用现有的术语和理论，或融合众多心理学家、神经科学家和行为经济学家提出的理论。但由于惊讶在科学界几乎没有引起任何注意，所以我们有时候还得从零开始，寻找新方式来解释什么是惊讶，以及它是怎样发挥作用的。

至少有一点是大多数科学家都认同的：我们的大脑（以及多

数生物的大脑）有预测的能力，会不断筛分什么是预料之中以及什么是预料之外的。无论何时我们没有感到惊讶，那是因为我们已经相对准确地预测到了下一刻会发生的事情。我们说"相对准确"是因为，在这最诡异的超自然时刻，我们也很少能预知到环境中的每一个细节。但只要发生的事情跟我们认为会发生的事情非常相近，我们的大脑就会带着"我说对了吧"的得意微笑平静地坐回去。而如果我们探测到一些没有预测到的事情，大脑就跟被彻底激怒了一样会立刻采取行动。

惊讶程序

惊讶作为一个事件或观察结果，要么是未曾预料到的（"我没想到那个会发生！"），要么是预料错误的（"那不是我以为会发生的"）。不管是以上哪种情况，惊讶都是一种强烈的神经反应，大声地告诉你："你错了！"不管是中性的惊讶反应（"我不知道河马奶是粉红色的！"）、愉快的惊讶反应（"我刚赢得了500美元奖金！"），还是不愉快的惊讶反应（"我刚收到了500美元罚单！"），所有的惊讶反应都会触发我们现代大脑中的同一个史前程序。

大多数研究者只研究了这个程序的一方面，因此我们把多方面的研究发现组合成一个总体框架来理解惊讶。我们称其为"惊讶程序"。当我们感到惊讶时，我们会僵滞，接着尝试寻找解释，随后会转换视角并与他人分享经历。让我们进一步逐个探讨这个程序的每一步。

惊讶程序的第一部分：僵滞阶段

我们亲切地把左图展示的面部表情称为"痴呆"表情。和惊讶反应相关的不是睁大眼睛或张大嘴巴，而是我们的面部在看起来全无自我意识时那几分之一秒内的表情。令人好奇的是，大多数人假定感到惊讶时眼睛会睁大嘴巴会张开，但研究显示，我们很少人会呈现这种典型的表情[1]。

第一次在惊讶产业公司制造惊讶事件，我们预期会看到真人秀电视节目上那样的惊讶表情，即出现夸张明显的面部表情，所以用了多部摄像机抓取令人兴奋的反应。让我们沮丧的是，照片中的主人公很少有看起来像"彻底改变之家庭再造"① 真人秀中的获奖者那样惊讶，更多人像是车灯下呆若木鸡的小鹿。没有意识到的是，我们和惊讶联系在一起的表情通常都为了观众而夸大化了。这种宏观的表情传达给其他人的意思是"我们好惊讶啊"，但"痴呆"表情才是"感到"惊讶时最真实的表情。这种傻傻的、非常美丽纯真的表情才是惊讶程序第一阶段的标志。

---

① 彻底改变之家庭再造，美国真人秀节目之一，摄制组挑选一个遭受自然灾害或生活贫苦的家庭，同设计师、建筑商合作在七天之内完成房屋的内外重新装修或重建。美国"父母电视理事会"赞扬它是"家庭友好"的电视秀，节目拍摄时获得数以千计的志愿者参与支持。

惊讶会使脑波中产生一个称为P300的波峰，它会劫持我们的认知资源，把我们的注意力拽到让我们惊讶的对象上[2]。我们给这种现象命名为"僵滞阶段"。正如心理学家休万·汤姆金斯所说，僵滞阶段"在设计和功能方面都与广播或电视网络相似，它能发出特别的声明打断任何正在进行的节目"[3]。为了测试僵滞阶段，你可以在朋友吃东西的时候对他们讲一些让人惊讶的事情，看看他们的叉子是否会停在半空中，他们的嘴巴是否会停止咀嚼并保持张开的样子。

完

读到"完"的时候，你的脑波有没有形成P300波峰？如果你放慢速度专心注视这个意料之外的字，你就恰巧经历了僵滞阶段。关于这种感受力，有趣的事情在于，它是无意识的。我们无须强制自己去留意。惊讶的时候，我们会忘了全世界所有的事情，情不自禁沉浸在当下。

惊讶程序的第二部分：寻找阶段

僵滞阶段仅仅持续一瞬间。当惊讶反应让我们停在原地并吸引了我们的注意力时，我们的大脑会以难以置信的速度吸收并分析信息。这种寻找答案的过程非常快，甚至我们通常都意识不到。请看下面图片中连续的面部表情。

　　在一个实验中，我们让参与者看一个含有令人惊讶的大转折的视频[4]。这是我们拍摄到的其中一个人的反应。看到第一个表情了吗？那是我们挚爱的"痴呆"表情，但就在仅仅几分之一秒中，那位女士的表情就变成另外一种：首先明显传达的是惊讶之情，接着是恐惧，最后是愉悦，这一切都发生在一秒之中。那么在第一幅图和最后一幅图之间，她大脑里到底发生了怎样的变化？我们把这个变化过程称为"寻找阶段"。在"痴呆"表情和情绪反应之间，她的大脑能够从大量的想法和问题中进行检索，然后得出关于她所见的一个结论。

　　寻找阶段速度之快是导致"痴呆"表情很难识别的原因之一。在我们僵滞而停在原地之后，我们几乎立刻就得到关于惊讶事件的一些结论并表现出像恐惧、悲伤、生气或欢快等情绪。但寻找阶段并不总是到这里就结束了。只要当时的情境中还存在一些未知的事情，我们的大脑就会产生更多的问题并形成更多猜想。随便读一份报纸就可以看到这种现象。档案研究表明，像飞机坠落或自然灾害等让人惊讶的事件发生之后，随着时间的推移，报纸会纷纷报道越来越多的解释[5]。

在网上随便搜索一下"意外回家"让人惊讶的视频会发现，在最初的尖叫、啜泣和拥抱之后，感到惊讶的人便会开始盘问惊讶事件的策划者："你是怎么回来的呢？""还有其他人知道吗？""回来再不走了吧？"那些我们不能得到答案的、让人感觉愉快的惊讶事件（例如找到一封匿名情书）会伴随我们一生，每次从记忆中翻出来都会让人兴奋好一阵子。相似的，不愉快的惊讶事件（如出乎意料的分手）会留下无穷无尽的问题，要想忘记过去继续前行就会更加困难，而如果一直期待这个事件的发生，忘记过去继续前行则容易很多。不管是让人高兴的惊讶事件还是令人讨厌的惊讶事件，只有我们对大多数问题有了答案，困扰才会停止，我们也才会认为事情结束了。

惊讶程序的第三部分：转换阶段

惊讶程序中僵滞和寻找阶段的强度与持续时间取决于惊讶反应的强度，惊讶反应的强度又取决于我们图式的偏差程度。图式是指一个人理解事情的框架。例如，我们大多数人图式中对猫的理解就是关于猫的样子、猫怎么走路、对猫的感觉和猫发出的叫声等所有观点的总和。如果你遇到一只发出狗叫声的猫，就会产生一次图式偏差（也称为惊讶）。避过惊讶反应的唯一方式是假装从没有经历那次图式偏差（"哪有什么发出狗叫声的猫啊？"），给自己一个合理的解释（"那只是一条看起来像猫一样的狗罢了"），或者转换自己的图式（"我猜一些猫有时会像狗一样叫"）。图式发生变化的时刻就是"转换阶段"。

　　著名的心理学家让·皮亚杰非常痴醉于惊讶反应在我们智力发展中扮演的角色（我们乐于把他敬为惊讶学的教父）。他指出，小孩的图式极为灵活，简直令人难以置信。他们的信念总是在改变和延伸以容纳他们在生活中发现的所有东西。就拿小孩探索新环境的举动来说吧，你会在他们的行动中发现转换这一阶段。他们时而倒吸一口气，时而盯着看，时而用手摸一摸，时而挖一个洞，时而还用鼻子闻一闻。整个过程中，他们小小的灵活大脑都在调整并拓展对世界的理解。每个新的惊讶反应都让现实之织锦变得更加丰满充实。

　　随着年龄和阅历的增加，我们的图式逐渐僵硬。我们拒绝学习新东西，拒绝转变自己的视角。但惊讶仍然会无意中让我们僵滞并逼着我们去寻找解释，只是惊讶程序的转换阶段却会耗费更多精力，这个过程让人感觉非常不舒服，所以我们选择回避新信息和新观点。

　　由于我们抵制更新图式，所以并非每次惊讶都会产生很明显的转换。我们经常设法为惊讶事件寻找解释，惊讶就从中破灭了。如果你是民主党人，认为共和党人思想都很保守，当你遇到一个不符合这种刻板形象的共和党人时，你可能就会感到惊讶。但为了不转换对共和党人的总体看法，你可以说"这个共和党人跟其他所有共和党人不同而已"或者"他刚好说了我想听的话"，这样你就可以保持自己最初的态度不发生改变。

　　除了固执地维护自己的图式，我们大多数人也有验证性偏见，即我们倾向于搜集能确认自己观点的信息而忽略不利的信息。因此，如果你是共和党人，认为民主党人天真而且被误导，你就会读那些给民主党人抹黑的文章或看类似的电视节目，对那些相反的证据则避而不理。通过这种不间断的、无意识的过程，我们保护并强化了自己的图式。换言之，我们把惊讶反应拒之脑外了。

转换阶段并不总是立刻发生或者很显眼，但即使在表面上看来没有改变的时候，转换也会发生。人们在改变主意时，看起来很突然，但通常情况下，这种改变都是很多惊讶事件（很多细微的转换）随着时间而积累起来的结果，就像沙粒往沙堆上洒落，直到某一个沙粒导致整个沙堆倒塌之前，你不会看到任何明显的效应。

此外，如果我们的图式真的发生了转换，那往往是因为惊讶而产生的结果。这种转换可以是一个具体观点的转换（"我不知道一些比特犬① 竟也可以这么友好！"），也可能是我们思维模式的总体转变。来看一下心理学家诺伯特·施瓦茨做的一个研究[6]。他偷偷地在大学复印机里放了一些硬币，然后采访那些发现了硬币和没发现硬币的学生。找到硬币的学生明显比那些没有找到的学生更开心，并且对生活也明显更满意。由于学生们感到了惊讶，进而对自己整体生活质量的看法都发生了转换。而最有意思的地方在于：制造快乐的硬币价值相当于德国的10分钱。如果你自己已经有感受惊讶的能力，那么要想买到快乐就花不了多少钱。不幸的是，消极惊讶事件的能量也是同理。任何人如果曾把咖啡洒到

① 比特犬，为斗犬目的而培育的凶猛犬种。两颚咬合力可达80千克/平方厘米，擅长连续奔跑，耐力惊人。

了白色裤子上，他一定知道完美的一天也很容易被毁掉。各种各样的惊讶事件都是一种改变的力量。

惊讶程序的第四部分：分享阶段

不管惊讶反应是消极的还是积极的，它对我们的大脑来说都是一种消耗。想一下我们必须经历的僵滞、寻找和图式转换（或防卫）这几个阶段就能明白。这一过程很艰辛，惊讶反应会生成一种认知负担[7]，人类需要通过和他人分享才能减轻这种负担。换句话说，在感到惊讶时，我们要谈论它。谈论也可以帮我们弄明白经历的那些事情，还可以跟他人建立更牢的人际关系。这就是惊讶程序的最后一个过程：分享阶段。

生活中，我们几乎会谈论自己的每一次情绪经历，只有10%的经历保守着仅自己一人知道[8]。事情越是令人惊讶，我们就越迫不及待地想和他人分享，且分享得也越频繁[9]。独自承受情绪上、认知上非常强烈的经历不仅很难，还会导致身体产生疾病[10]。更重要的是，社会心理学家迈克尔·斯列宾和他的团队做的一系列研究显示，认知负担感觉起来实际上跟身体负担一样[11]。为体现背负沉重包袱会让人感觉小山比实际更陡峭，研究人员向两组参与者展示了一幅小山的图形。其中一组人员按指示在大脑中思考一个重大的秘密（比如，不忠行为、犯罪、秘密性取向等），另一组人员被告知思考一些微不足道的小秘密。相对于那些想着小秘密的人，背负重大秘密的人就好像的确背有沉重的包袱一样，认为小山更陡峭。同样，保守重大秘密的人也认为物体比它们实际的位置更远，并且把普通的体力任务（像搬运食品杂货袋等）看得更艰难。正如秘密一样，感到惊讶的经历会让我们产生在生理方面很难自己一人承担的认知负担。

你所讲故事里的惊讶元素也会给你增加社会资本。我们都希望给别人讲有趣的事情，而惊讶事件刚好为我们提供了要讲的东西。好事还不止于此。一旦我们给别人讲了惊讶的故事，听故事的人往往会再讲给其他人听。故事越令人惊讶，就传得越远。都市传言就是这样源起（并不断传播）的，Youtube视频网站上各种视频也是这样像病毒一样传播的。想想上一次你感到惊讶是什么时候，有没有把那件事告诉别人？根据分享阶段预测，你肯定告诉别人了，因为那是你卸载认知包袱的唯一方式。

总结四个阶段

现在你已经了解了惊讶程序，但它为什么重要呢？当一些未曾预料到的或预料错误了的事情发生时，僵滞阶段开始，接着P300脑波吸引到你的注意力，让你停止手头的一切工作，沉浸到当前的时刻里。如果你有电话、电脑、电视和充满杂乱事项的任务清单，你大概已经领教到了这种效应的力量。我们的注意力非常容易分散，想要完全集中在一件事情上那几乎是不可能的，除非有惊讶的事情发生在我们身上。惊讶反应能聚拢我们的注意力，并让我们在当前的此时此刻得到深刻的体验。

一旦注意力集中起来，我们的大脑就调用他们的内部神探夏洛克·福尔摩斯，一门心思开始破解惊讶之谜，此时程序进入寻找阶段。描述这种感觉的另一种方式是强烈的好奇心。这有什么厉害的？一些心理学家辩论称，相比于快乐，好奇心对生活质量甚至更重要[12]。好奇心有刺激性，让人感觉愉快，能够为学习、创造和创新提供能量。

如果没有为惊讶反应找到解释，我们就会被迫进入转换阶段。视角的转换是成长和学习的核心。调整了图式，我们对世界的认知就变得更广阔，思想也变得更灵活。

最后，惊讶反应产生的认知负担促使我们迫切想与其他人分享自己的经历。这就是分享阶段。分享不仅是传播思想的工具，还能加强我们的关系，改善我们的身心健康。

当然，不好的方面在于，消极的惊讶事件对我们产生的影响跟积极的惊讶事件同样强烈，甚至更强烈。非常好的惊讶事件带来的是欢快，而糟糕的惊讶事件则会导致痛苦。感觉到未来难以预测或当下模糊不清时，我们的大脑就受困于惊讶程序的寻找阶段，不停地挖掘信息寻找永远不可能到来的出口。当改变是唯一不变的东西，我们发现自己处于永远的图式挣扎中，像守护金币一样不断守护长期坚持的信念，并竭力阻挡威胁我们确定感的东西。另外，相比于让人感觉愉快的惊讶消息，关于让人感觉不愉快的惊讶消息（特别是那些能引起愤怒的）传播得更快，而且影响更大[13]。惊讶反应是一把"双刃剑"，一侧浸在欢喜中，另一侧浸在失望中。庆幸的是，我们对惊讶反应越了解，就越能更好地利用它给我们带来好处。

规避惊讶

鉴于惊讶的反应既可以让人很愉快，也可以让人同样很不愉快，那么我们很多人都在竭力避免惊讶反应的这种现象看起来似乎就很奇怪了。当然了，像海啸这样让人惊讶的事情是要躲远的，但为什么要给所有让人惊讶的事情都冠一个坏罪名让它臭名昭著呢？规避惊讶之所以一直是人类的一个局限性，并且特别在当今更是不断蔓延，对此我们发现至少有两个原因：情绪强化和脆弱感。

强化情绪：惊讶事件会让人更……

正如我们在第一部分开头所提到的，心理学家长期以来对惊讶的归类感到为难。跟其他情绪不同，惊讶没有效价，即它本质上没有好坏之分。这样的话，与其说惊讶是一种情绪，还不如说它是一种情绪增强剂。想一下曾经让你感到愉快的惊讶事件，如果你事先知道，你会感觉高兴，但如果事先不知道，事情发生时你会感觉更高兴。

消极的情绪也是如此。如果让我们伤心的事情（例如家人逝世）来得太突然让人感到惊讶，它甚至会让我们更伤心。如果让我们生气的事情（如遇到糟糕的客户服务）来得太意外，它甚至会让我们更恼怒。我们习惯说惊讶会让你更……例如，更高兴、更悲伤、更生气、更好笑。那么更……的程度有多大呢？在一次采访中，神经心理学家沃尔弗拉姆·舒尔茨告诉我们，惊讶至少可以让情绪增强400%[14]。

或许这就解释了为什么我们尽力用让人惊讶的方式分享积极的消息，而分享消极消息的时候则尽量用不让人惊讶的方式。想想看，你会怎样告诉某个人她赢了一辆汽车，而又怎样告诉她她的汽车被偷了。很有可能的情况是，第一种情形中，你蒙着她的眼睛带她走上汽车道，然后松开手大喊："嗒哒，瞧！"在后一种情形中，你可能让她坐下来，然后说一些像"我有个坏消息"之类的话来减轻丢车对她的打击（当然了，除非你有非常强的黑色幽默感）。

情绪为什么会得到强化？有一种理论解释称，我们神经传递素中的波动会增强情绪，这一点我们会在第八章进一步探讨。情绪的强化也可能是因为我们的注意力高度集中在让我们惊讶的对象上。另外一个理论是，惊讶反应让我们的身体为应战或逃跑做好准备，让我们的肌肉绷紧，手掌出汗出得更厉害，接着，我们在感到惊讶之后会立刻无意识地把这些知觉传送给情绪[15]。

情绪强化即使是积极性质的，也会让我们很多人感觉不舒服。这也解释了为什么内向者相比于外向者更不大可能乐于接受惊讶的事情。并且，即使你喜欢好心的朋友偶尔冲你大声喊"惊讶吧！"，你也可能会介意随惊讶而来的其他"更……"的情绪。

制造脆弱感：惊讶事件会让人尴尬为难

惊讶事件在内向者和外向者之间名声不好还有另外一个原因：它会让人产生一种脆弱感。我们问学生和客户为什么不喜欢惊讶，他们通常会说惊讶的事情让他们"感觉尴尬为难"。当事情的发生与我们的期望一致，我们就知道怎样应对，会感觉得心应手。但如果不符合我们的期望，特别是糟糕的惊讶事件来袭时，我们就感觉自己还没准备好。这种感觉会引发挫折、恐惧，偶尔还会引发耻辱感。偶然缺乏准备会造成实际的影响，但大多时候真正的威胁是它会打击我们的自尊心。

大部分人都太过于积极避免让自己感觉到脆弱，把太多的时间和精力都投入预防惊讶事件的事业中。规避惊讶事件有很多形式：不断做计划，麻痹自己的情绪，回避不熟悉的情境，或者焦虑不已，这些都是预测未来的尝试。为惊讶事件做一定程度的准备，比如制定一个紧急疏散计划，是比较实用的。但我们的世界越来越让人惊讶（我们在下一章会谈到），这种性质意味着，要为所有可能让我们感到惊讶的事情做好充分准备是永远不可能的。况且，与过去相比，当今世界的生存发展要求我们乐于接受更多的脆弱感（我们将在第四章谈论）。规避惊讶可以理解，却会让人无法再适应当今的世界。

惊讶的强度

快乐有从满足到兴奋的强度之分，恐惧也有从犹豫到骇惧的不同强度。就生气而言，强度较轻的可以是失意，极端的则是暴怒。但很少有人意识到惊讶反应也有不同的强度。赢得吃角子老虎机的头奖是高强度的惊讶事件，发现蝴蝶在窗外伸展翅膀是低强度的惊讶事件。这两种经历相差之大常常使我们忘了它们从根本上是有关联的。这或许解释了人们对惊讶了解并利用甚少的原因之一，尽管它一直非常普遍地存在。也就是说，我们没有了解所有强度的惊讶。

人们问我们以什么谋生，我们说我们从事惊讶行业，他们常常以为我们就是藏在拐角后面，在每个人都最意想不到的时候突然跳出来。那只是我们偶尔做的，我们的重点工作通常是致力于研究惊讶强度较低的那方面，这样做有如下几个原因：高强度的惊讶反应（比如电击）通常都在人们的掌控之外。尽管我们会尝试，但我们不可能按计划就能实现彩票中奖、收到求婚请求或投入惊讶的派对里。这些高强度的惊讶事件也同样很少见，所以尽管它们有很大的影响，也不是我们日常生活中不可缺少的部分。并且，高强度的惊讶事件产生的影响十分强烈，很多人（包括本书作者）都不喜欢猛吃一惊或感到不知所措。如果你突然从一个拐角后面跳到我们面前，我们都会尖叫，抓住对方胸口，或许会哭起来。

但是除去这类戏剧性意料之外的时刻，我们还有其他非常多的时刻可以制造惊讶感觉。高强度的惊讶事件引起心悸，低强度的惊讶事件，**比如像这样突然改变字体**，会让我们放慢速度并激起我们的兴趣。即兴去巴黎旅游必然会让你惊讶不已，但一场非同寻常的音乐会、一个笑话、陌生人一个友好的手势、一件特别的衣服或者一个新想法同样会让你大吃一惊。

随着惊讶强度的改变，惊讶会产生一些从轻微的失望到愉快、从诧异到激怒之间的情绪。还有一些在惊讶之前产生的情绪，如期待和半信半疑，以及一些在惊讶之后突然产生的情绪，如惊奇和好奇等。这些情绪从表面上看可能不同，但它们都通过惊讶反应的心理学机制互有联系。本书中，我们将谈论各种不同强度的惊讶反应（包括高强度的惊讶反应以及轻微的惊讶反应）、引起产生惊讶反应的感觉还有在感到惊讶之后产生的感觉。在今天，了解各种强度的惊讶反应尤其重要，因为它描述了我们整个世界的新常态。

—— 速查表 ——

第一章

即便内容再精彩，我们也很容易忘记读过的东西。因此，我们把每章的关键术语和工具进行了整理，浓缩成一个速查表供你快速查阅。

简短版本

我们的大脑可以用一种可预测的模式本能地对惊讶事件做出反应。了解了这种模式，我们就可以侵入模式并拥有驾驭惊讶的力量。（哇哈哈哈！）

关键术语

● **惊讶**：我们对未曾预料到的或预料错误的事情产生的反应。（它是一种情绪？是认知状态？没有人确切知道。惊讶就是那么神秘。）

● **图式**：人脑中已有的知识经验的网络，即理解事情的框架。

● **惊讶程序**：僵滞、寻找、转换、分享（沉浸在当下，疯狂地好奇、改变自己的视角并与他人分享）。

● **"痴呆"表情**：惊讶反应的真正面部表情（看起来呆头呆脑，实际完全沉浸在当下）。

第二章

世界中的惊讶

Chaper Two

唐娜·玛丽看起来像是一位足球妈妈①，说起话来也像足球妈妈，可以说很有足球妈妈的味道。不过她不是足球妈妈，而是一位职业巫师。她的工作地点是离家一个街区远的咖啡店，等着见她的客户多得都排到了两个月之后。她时薪150美元，和其他美国巫师的时薪一样。她从包里掏出一副很旧的塔罗牌，说道："现在正是通灵大师大显身手的好时机。"

美国注册巫师和灵媒联合会很赞同她的说法。根据他们的调

---

① 足球妈妈，一般指家住郊区、已婚并且家中有学龄儿童的中产阶级女性，最初用来描述那些开车载孩子去踢足球并在一旁观看的妈妈们。她们花许多时间带孩子参加体育活动、音乐课等课外活动。

查，69%的女性和39%的男性承认曾与巫师接触过[1]。这是怎么了？在与美国有线电视新闻网CNN的一次采访中，消费者行为学家吉塔·乔哈尔说："人们去拜访巫师最大的原因是他们想掌握控制权。"[2]唐娜·玛丽则做了另一种解释："人们讨厌感到惊讶的感觉。现如今事情太难预测了。"

在这座镇的另一边，我们遇到了纽约市的一个高中老师克里斯蒂娜（后文称克女士），她告诉我们："每次看到小孩在课堂上睡着，我的心都要碎了。"我们问她，孩子们为什么会在凳子上打瞌睡，她转了转眼珠说："他们为什么不会打瞌睡呢？我自己想保持睁眼都很困难。每一天都是相同的标准化备考过程。阅读理解练习读得都是像伯利恒皇家医院① 历史一样的东西。谁在乎这些东西啊？一点惊讶的感觉都没有……我们这是在折磨孩子们。"

如果把唐娜·玛丽和克女士的看法放在一起看，我们似乎会感到矛盾。怎么唐娜·玛丽的客户愿意付钱给她，以求消除惊讶感觉，而克女士的学生却因为缺乏惊讶感觉而煎熬不已？这个问题超越了算命者与高中老师，涉及我们整个社会的状态。如今的世界，变化速度非常快，我们已经受到了心理上的鞭策，与此同时，还叫喊着要更多的刺激，如娱乐活动、各种人际关系、精神超越以及可爱的狗狗照片等。特别是在富裕国家，人们深深陷入和惊讶的不健康关系中。所以，我们希望惊讶越少越好，但接着我们又希望惊讶越多越好。我们一方面因为惊讶而深感焦虑，另一方

---

① 伯利恒皇家医院，伦敦开设的世界首家精神病院，很快被人们俗称为"疯人院"。

面会因为没有感到惊讶而缺乏满足感。我们的世界变得越让人惊讶，我们在惊讶跷板上就越难以保持平衡。

　　惊讶跷板的一端是惊讶事件太多产生的感觉，这种感觉由改变、不确定性和模糊性造成。这种状态会引发焦虑，即一种由恐惧和担忧组成的模糊的混合物，它是我们大脑加班加点预测未来时产生的感觉。焦虑是人们在惊讶程序的寻找阶段检测无果而产生的，是神经学上对信息永无尽头的追捕。如果你总是知道期待的是什么，那么就没有更多的惊讶，并且你永远都不会再感到焦虑。这是唐娜·玛丽兜售的主张，每个体育赛事、天气、健康、政治和金融行情预测分析师也是如此诱惑我们花钱一窥未来。在惊讶产业公司成形之前的日子里，塔妮亚把所有时间都用在惊讶跷板的这一端——一直担心、计划并试图阻挡意料之外的事情发生。

惊讶跷板的另一端是惊讶事件太少而产生的问题，是由常规的生活、结构性和舒适感带来的。缺少惊讶产生的是弱应激，和焦虑几乎相反。弱应激就是刺激不够产生的应激，用莉安娜最害怕的一个词来说，弱应激就是无聊。无聊看起来似乎不是什么大事，不过是星期天懒惰而感觉坐立不安，或者会议上喋喋不休全是空谈废话，但是，无聊产生的后果不容小觑。正如我们随后会详细讨论的，无聊一般都和抑郁、吸毒、赌博、好斗情绪、对人际关系的不满以及（克女士用苦涩的声音向我们指出的）教学失败等密切相关[3]。

我们大多数人不但没有在惊讶事件太多和太少之间寻找平衡，反而被紧紧铐在从一个极端摇到另一个极端的惊讶跷板上，就像两个健壮的小孩为取得操场支配权而拼死拼活挣扎纠缠一样。我们要么因为不知道期待的是什么而咬手指甲紧张不安，要么因为完全知道接下来会发生什么而抚弄大拇指闲得无聊。是什么造成了这种惊讶跷板的拉锯战？它是对当今全新世界的新反应，还是世界始终如一，只是我们对它的认知变了？我们的未来是更让人惊讶了还是不那么让人惊讶？

一个更让人惊讶的未来

留在骨头和洞穴墙壁上的标记显示，我们人类至少在2.5万年前就开始尝试预测未来，最初是通过占星术预测，最后的方法越来越复杂（尽管占星师如今依然过得很体面）[4]。我们的未来一直是让人着迷和不断思索猜测的源泉，并且因为未来天性就是不可知的（在变成现实之前未来都不存在），所以如果说我们现在的未来比过去的未来更让人惊讶就可能显得很奇怪。或许这个论据更好的说法是，相比于以往任何时候，如今我们感到惊讶的概率越来越频繁。同样，我们也更强烈地意识到了明天的不可预测性。

即使本书出版几十年后你再读它，我们有理由相信书中的说法依旧有道理（多亏数学家弗诺·文奇的功劳）。弗诺让众人了解到，技术进步不是线性发展的，而是以指数级发展的。换句话说，变化不只是持续性发生的，它每一天都发展得越来越快[5]。看看下面各项发明分别花了多长时间走进5000万家庭[6]：

广播：38年

电视：13年

互联网：4年

正如谷歌工程师和未来学家雷蒙德·库茨魏尔所说："我们在21世纪将经历的不是100年的进步——更有可能是2万年的进步（按当今的速度算）。"[7]雷蒙德指出，我们祖先预期的是，他们的未来非常像他们的过去，事实上他们往往都是对的。他们一生中经历的变化速度都很慢。我们现代的事实却是另外一回事。本书的两位作者曾过过没有手机没有网络的生活（是的，甚至都没有拨号上网）。我们记得在谷歌出现之前，你必须知道准确的网址才能畅游网页。我们还最早见证了便携式传呼机、拓麻歌子（电子宠物机）^①和社交网络服务网站Friendster^②的兴起与衰落。我们现在的世界和祖辈的世界相去甚远，电视发明了10多年对他们来说还是最热门的新发明，而如今，如果一项最热门新发明的货架期能保持6个月就算是幸运的。

任何进化过程，包括从人类进化到计算机速度的提升、从缩影技术再到我们对生物学的掌握，指数级的变化都随处可见。雷蒙德指出，人们花了15年才找到艾滋病毒HIV的DNA序列，而找到非典SARS的序列仅仅用了31天。不久前，适合我们智能手机的整体配置可能要占整个房间大的空间。那么，如此快的进步会把我们带向何方？弗诺和雷蒙德相信的是"奇异点"：在不远的未来，机器和人类要么融为一体，要么机器智能会超过人类智能。按弗诺所说，"我们越来越接近这个临界点，它将越广泛地影响人类事务，直到成为人类的共识。但是，等这一天最终来临，它可能仍然让我们极其惊讶，对我们来说可能是更大的未知。"⁸

如果你觉得这种观点听起来有些牵强或者是科幻成分过多，那你也不是唯一一个这样想的。批评家辩称，我们现在经历的变化的指数速率必将放缓。（如果你是一台有感觉能力的机器，在

---

① 拓麻歌子（又称塔麻可吉、宠物蛋、电子宠物机等），是日本玩具供应商万代1990年代推出的一种掌上电子宠物，模拟饲养的新颖系统及其可爱到没边的外形，一经推出就引发了世界性热潮。
② Friendster，社交网络服务网站，总部在美国加州，2002年创立，比Myspace或Facebook更早，据称当时硅谷每三人几乎就有一人使用，之后失势。2009年出售给亚洲买家，改版后主打社交游戏。

2045年读到这些文字，请原谅我们思想贫乏的人类的天真烂漫。）不管变化速率是始终如一、放缓还是加速，想一想我们仅仅利用今天现有的工具和知识就能通过创新而创造出了多少让人惊讶的东西吧。

由于技术的成本低且可及率高，几乎任何人任何时候都可以成立新公司、编写新程序或自己发布新观点。根据联合国一项研究，地球上拥有手机的人数比拥有厕所的人数还要多[9]。正如我们将在第六章讨论的，跟一群形形色色的人交流并让各种独特的观点碰撞，正是创造力和破坏性想法的理想筑巢之地。

在创作本书的时候，3D打印技术还处在初步阶段，但不久之后，我们很有可能可以在家中舒舒服服地制造任何想要的东西。我们将来不再谈论数字化的东西，因为3D打印机将允许我们制造实际上无穷多可用的任何事物。对位于美国宇航局艾姆氏研究中心的太空制造公司Made in Space而言，3D打印的潜力更大，不仅仅在于它有能力打印定制的马克杯和T恤。太空制造公司的人员正在研发能在太空打印的机器。在一次采访中，首席执行官亚伦·科梅尔给我们讲："想象一下，如果美国第一批太空定居者上太空船时不得不带上自己的房子会是什么情形。这是我们太空旅行直到现在都一直不得不解决的问题。但3D打印有可能制造任何东西，无论是实验室设备还是住房。"艾伦认为，制造火星上买得起的住房仅需几十年就可以实现，它也是我们"下一步合乎常理的计划"。

纵然你不渴望成为创新者、思想传播者、破坏者或火星定居者，你还是会受身边发生的变化所影响。终身的工作以及永远带有白色尖桩篱栅的房子几乎都快消失了。在美国，每人一生平均换11次工作，并且这一数字还在继续攀升[10]。现在上学的小孩，将来长大后找的工作现在可能还不存在（机器人治疗专家？宇宙飞船室内装饰师？谁知道呢！），这种事情比以往任何时候都更有可能。并且由于现在出行和远程协作变得容易，这就使得我们一生多次换邻居、换城市、换州甚至换国家的灵活性越来越大。

从前，我们从身边固定的、可预测的事物中获取认同感，如工作、社区、宗教场所、朋友圈和家庭等。在当今如此反复无常的世界中获取始终如一的身份意味着什么呢？我们预测，随着世界变得越来越让人惊讶，我们的身份也会日益变得不固定且更具适应性。我们已经正在见证这种趋势的形成，因为越来越多的个人决意要过没有束缚的生活，如延迟结婚、少生孩子（或不生孩子）、租房而不是买房、选择工作时间和地点更灵活的职业等[11]。这个比以往任何时候都让人惊讶的未来，不仅仅在改变我们的生活，也在改变我们的自我意识。

不那么让人惊讶的未来

然而，从很多方面来看，我们的未来比以往任何时候都不那么让人惊讶，反而更容易预测。在一次采访中，宏盟媒体集团① 北美分部的首席信息官弗兰科·甘巴告诉我们："我们生活在大数据

---

① 宏盟媒体集团，是世界上最大的广告集团宏盟集团旗下的媒体集团，全球广告、营销和企业传播领域的领导者，提供广告、战略媒体规划和购买、直销、促销、公共关系和其他专业传播咨询服务。

世界。这意味着，我们可以从数百万信息中筛选并预测接下来什么电视节目会受欢迎以及明天你最有可能会买什么东西。"弗兰科面临的问题不是不可预测性而是信息多得让他无法处理。利用数据预测未来的方法现在已经用于研究很多复杂问题，如哪种人有可能得糖尿病，谁将赢得总统大选等。统计学家纳特·希尔福利用对一些数据的认真运算处理，得以在2012年美国大选期间精确地预测出50个州的全部选举结果。

像宏盟集团这样的媒体巨人以及纳特这样的数学竞赛参加者并不是唯一手握预言水晶球的公司或个人。我们周围环境中的某方面不久前看起来还似乎魔法一样，而现在却得以让我们预测并控制。试想现在你生命中有多少事情可以自己掌控？你能不能打开家里的灯？能不能在厨房中用到自来水？能不能足不出户就可以知道今天晚些时候的天气？如果你对以上任何一个问题的回答是肯定的，那么跟我们的祖先（以及我们星球上的多数人）相比，你已经过着极尽奢华的生活了。

现在让我们来看一看更多的掌控权。如果你想今天晚餐叫外卖，能不能叫到？如果你想读一本书，能不能本周内买到？接下来5分钟内你能不能叫一个朋友过来？如果你计划度假，能不能不出门就看到许多可选目的地的照片并找到其他人发表的观点？对越来越多的人来说，以上所有问题以及更多问题的答案都是肯定的。乍一看，这太不可思议了。谁不想要更多掌控权呢？但是这些奢华生活之外，随之而来的是没有预料到的后果，它们导致了许多严重问题，其中的两个就是无聊和控制脱瘾。

无聊流行病

2014年，每分钟大概有100小时的视频片段上传到Youtube视频网站[12]，计算下来，每一周新内容的总时长相当于115年。互联网上的信息量每天都在增加，但看起来很奇怪的是，我们现代人坐在沙发上，眼前摆着电视，身后是装满书的书架，旁边还放着便携式电脑，却还在自言自语抱怨："我好无聊啊。"我们身边的刺激因素如此多，怎么还会觉得刺激不够呢？这太可怜了！

其中一个解释就是人们感到惊讶的机会越来越少，这一点我们早先提到过。我们能预测并掌控得越多，那么感到惊讶的机会就越少。我们经历的变化越多、吸收的信息越多，就越感觉任何事都不再那么新鲜、不再那么让人惊讶。其结果是，虽然我们的焦虑减少了，但同时惊讶事件的积极影响也越来越少，如愉快、兴奋、冒险、好奇、惊奇和意外新发现等会减少。如果你能用智能手机的GPS导航快速到达想去的地方，但你选择不用，结果迷了路跑到一个新街区或美丽的公园中去了，这样做似乎的确不切实际。但面临无限的娱乐活动而无聊仍然无处不在却还有其他原因，我们的朋友扎克·斯坦伯格对此也做了总结。

扎克躺在一张桌子的对面，脸离电脑屏幕仅一英尺远。他双眼半闭，食指停在键盘向下的按键上，屏幕在不停地滚动、滚动、滚动。他眼睛没离开屏幕就开始给我们解释他的理论。他今年13岁，但他说自己12岁时就完全明白了那个道理。

根据扎克的说法，我们现代人类都是内容型僵尸，是一种无止境贪求娱乐信息的骷髅生物。饥饿的僵尸不会坐下来享受新捕获来的猎物，不享受那美妙的时刻，只是抚摸完猎物并把它们撕碎，然后蹒跚着走开，留下那堆数量可观的大餐没人碰。扎克说我们碰到新内容时也是如此。我们总是在寻找更多可读、可看和值得尝试的东西，但在一天结束时，我们仍觉大脑中空空如也。我们从没有做足够深的挖掘以感到充实。

"那么你呢，扎克？你算是内容型僵尸吗？"

他暂时停止了滚动屏幕，挠了挠下巴，然后在浏览器中打开一个新标签页面，说："对，我是。我们所有人都是。"

扎克的内容型僵尸理论实在是太贴切了，我们多希望自己之前就能想到。只要融入少许认知心理学，它就能完美得讲通了。甚至当我们手中有了很多有趣的事情，我们还是感觉没有意思。兴趣和注意力是相联系的，因此当我们没有全神贯注的时候，就不会产生和兴趣相关的一系列美妙情绪。当我们注视着数字惊人的选择，就会感到焦虑，接着只要我们的大脑和互联网速度允许，当我们对每件事浅尝辄止，就会感觉刺激不够。

当我们想到那场让我们上前线战斗的注意力激战时，问题就逐渐明朗化了。我们有文章可读，有电影可看，有游戏可玩，还有各种商业广告、书籍、图片、视频、播客、网站、广告、状态更新、电子邮件以及短信，这些都会争抢我们的注意力，而以上竞争者名单只是冰山一角。我们强迫性地转换注意力中心，急匆匆赶着结束这个好马上开始下一个。跷跷板的一端是错失恐惧症（担心错过相关信息成为局外人），而另一端则是因为浅尝辄止导致的无聊。

我们这个充斥着信息、追求速度的社会还产生了另一个后果，即我们倾向于匆忙投入常规生活之中。我们长期感觉时间匮乏，因此习惯延长工作时间而缩短休息时间。为平衡这种疯狂的节奏，我们的工作和生活变得非常标准化与可预期，以至于常常将第一天和第二天混为一谈。再者，压力和焦虑把我们推入弱应激中，这种不满情绪强度不大但同样让人感觉痛苦。来，突击考一下你：上周二午餐你吃的是什么？如果那顿饭没有让你感到惊讶，你可能完全不记得。没有感到惊讶再加上时隔较久，你就会发现自己的回答是"快想，快想，快想……"

无聊不仅让人不愉快，还对我们的健康、各种人际关系，甚至对社会有害[13]。为生动地表现我们在无聊时的表现，我们采访了重返社区权益专家洛雷娜·里维拉，她是帮助囚禁的精神病妇女在刑满释放后申请住房和医保权益的专家。洛雷娜认为，无聊是打发时间的最坏方式："你实际上就像是卡在了那里，浪费着时间，想着快要出生的孙子和朋友的葬礼，手头上啥事情都没做，只是坐在那里等着。"她曾看过狱犯竭尽全力避免无聊的情形并为之震惊不已。她说："她们不停地吃东西、糟蹋自己的皮肤、绝食，有时候甚至乱扔自己的粪便或吃自己的粪便，仅仅为了被换到另一个机构。其实新的机构比其他机构没有哪一点更好，有时她们只是想换一处风景，她们知道如果行为够出格，自己的愿望就能得到满足。"

好吧，吃粪便听起来有点极端，但这些策略跟一般人面对弱应激时的行为没什么两样。不管是学生为了一时兴奋而跟人打架，还是员工因一整天无聊而不停地吃零食，或者12岁的小孩在隔热板上刻字，都是在用出格的行动来释放因没有感到足够惊讶而产生的应激。如果策略不管用，我们的大脑就会陷入绝望和沮丧。

控制脱瘾

如果你觉得扎克的内容型僵尸理论太吓人，你应该看一下麦琪的客户。麦琪做婚礼策划师已有18年，称每年新娘们的要求越来越苛刻了。麦琪揉了揉太阳穴然后对我们说："每一场婚礼结束我都告诉自己要辞职。他们会大半夜里给我发短信，有时他们需要的座位安排表我五分钟前就发给他们了，但他们还会问我要。我都不知道到底谁的压力更重，是我自己还是他们。"立志当婚礼策划师的人可要当心了。不仅仅只有害羞的准新娘染有控制狂综合征，我们都会逐渐变得有点神经兮兮、暴躁不安。

我们的控制工具（想一想：手机、空调，还有天气频道等）每年都在增加，因而我们发现若是没了它们，要想掌控生活也越来越难。试想把手机扔到厕所几天都不用会是怎样的情形。换成是对快乐的控制，科学家给这种现象起了一个名字：享乐跑步机。起初给我们带来喜悦的事情我们很快就对之抱很大的期待，所以我们就被带回到了最原始的快乐水平。坐飞机头等舱起初给大脑的印象是奢侈，随后就认为是必需的。我们对控制和预测的期望也是如此。我们能控制的越多，就会期望越多的控制。我们的生活就是在控制跑步机上慢跑，因此当我们感到惊讶时，大脑会立刻跳出来鞭策我们，要求回到它们已经习惯的能力和预测水平上。

换句话说，我们遭遇了控制脱瘾，即在失控时出现不适反应。

在一次采访中，气象学家和极端天气研究员乔希·沃尔曼对我们说，他发现了很有趣的事情，天气预报不准的时候人们会感到非常不安。乔希说："现在的天气比以前任何时候都更容易预测，极端天气更是如此。我们几乎能看到什么样的天气正在形成。但是因为天气预报现在变得非常好用，所以人们期待它必须准确。20年前，天气预报不准你不会感到不安，因为你认为天气是不可预测的，你只需每天都带上雨伞。"

对于飞机乘客抱怨航班晚点的情况，喜剧演员路易·C.K.给了最好的说法："真的吗？纽约到加利福尼亚要5个小时，过去可是要30年呢！还有，你可能在半路上就挂了。"

把我们对控制越来越大的依赖性和未来日益不可预测的事实结合起来，这样想就对了！你已经明白了我们无法控制的惊讶跷板原理，它同时承担着惊讶太多和惊讶太少的重量。我们的未来在很多方面都不再让人惊讶，这就让我们期待可预测性。但在更多的深层次方面，我们的未来又更让人惊讶，变化发生得太快，要预测生活在仅仅一年的时间里会变成怎样都不可能。将来哪种新发明的技术会成为主流？什么职业将来不复存在？我们这疯狂发展的经济将来看起来会是怎样的？我们这异常的气候将来感觉会是怎样的？最重要的是，将来火星上真有可以买得起的房子吗？所有这些不可预测性都让我们许多人畏缩在舒适区里并把惊讶事件看成是威胁。但常规生活和我们编织的用来抵消焦虑的安全网很快就会让我们感觉无聊，惊讶跷板还会继续摇晃。

适应新生态系统

如果今天达尔文在我们身边，一定会边捋胡子边说："诸位，尔等所见乃变化之生态系统也。"当气候从暴风雨不断变为持续干旱，只有具有一定适应能力——长有某种形状的喙——的雀类才能够找到食物并活下去。这正是进化论的核心。在这更让人惊讶又不那么让人惊讶的新世界里，也有一些适应能力可以让个人和组织生存发展下去。而且，说到生存发展，我们不是指"混得过去"。谁想在一个充满无限可能的世界中仅满足于混得过去呢？今天跟以往任何时候都不一样，要过上充满激情、有意义和有成就感的生活完全可以实现，只需做能真正让你与众不同的工作就行。那么，这些适应力是什么？哪些个人和组织能在这个更让人惊讶的世界中生存发展？我们的主张是，当今时代属于惊讶学家，就是那些掌握了拥抱不可预测性与制造出乎意料事件的技能的个人。

—— 速查表 ——

第二章

简短版本

我们的未来越来越让人惊讶（因为它在以指数级的速度变化），同时也不那么让人惊讶（因为我们拥有预测未来的各种工具）。为适应这种新生态系统，我需要熟练掌握拥抱不可预测性与制造出乎意料事件的技能。

关键术语

● **惊讶跷板**：过多的可预测性会导致无聊，而太多的惊讶反应又会引发焦虑。理想的情形是可预测性和惊讶反应达到平衡（但根据很多玩跷跷板的经验人士所说，平衡很难把握）。

SURPRIS!E

Embrace the Unpredictable and
Engineer the Unexpected

第二部分

拥抱不可预测性

梦想与不确定性其实是结伴而行的。

——伊兹·阿金

早些时候，塔妮亚在心理学家特雷茜·丹尼斯主管的情绪与情绪调节实验室做研究助理。在和孩子们做的一个实验中，塔妮亚拿出一个巨大的黑盒子，盒子中间有一个孔。塔妮亚用几乎不带情绪的声音对孩子们说："你们想把手伸进这个孔里感受一下里面是什么吗？"说完就开始计时观察孩子们等多长时间才会把手伸进盒子里。大多数人一直都没往里伸。

　　几年后，她突然想到，那个神秘的盒子不仅仅是实验中的一个道具，也象征着我们的生活。如果给你两个选择，一个是待在边缘的地方（那里的事情可预测），另一个是进入内部（里面等待你的是令人惊讶的东西），你会选择哪个？边缘上的生活感觉更安全，但对我们大多数人来说，它也是孤独的，让人得不到成就感。在神秘盒子的内部，你会感受到应激、恐惧和失望，但你同样会感到喜悦、兴奋，还会和他人建立新关系。对其他几乎任何的努力而言，不管是各种关系还是营销活动，这个法则同样适用。你必须深入盒子内部才能取出里面的好东西。

　　我们谈的不仅仅是那个巨大的神秘盒子：游览世界、创业、追求非常远大的梦想等也是如此。这些神秘的盒子的确重要，但并非对每个人都重要，也不是一直都重要。这是我们从公司的会计师那里学到的经验。他被一家大公司辞退之后创办了自己的公司。"过上企业家的生活肯定非常棒吧。"有一天我们这样称赞他，深信他实际上不需要做什么回应。让我们诧异的是，他叹了口气，转了转眼珠说："不，我讨厌这种不可预测的生活。我愿意回到员工的小隔间里做安全舒适的工作。"

　　我们的一些梦想位于地图中未标明的地区，地图上写着"这里有龙"，但很多其他梦想位于相对明亮的道路尽头，一路上只有一些让你感觉轻微惊讶的事物。试吃新食物、对朋友坦诚和请求升职也都像神秘的盒子一样。不管我们选择小隔间的舒适生活还是十字军东征①一样的艰苦战斗，接受让人惊讶的事情都会给我们的经历增添活力，深化我们变淡了的人际关系，提升我们适应变化的能力，并让我们对其他人产生更大的影响。但仅仅说"孩子们，别磨蹭了！赶快把手伸进盒子里"是不够的。要向生活中的惊讶事件持开放心态，我们必须要善于运用拥抱不可预测性的技能。这正是本书在这部分要讲的。我们的目的是帮助你：（1）认识到自己何时会碰到神秘盒子的情形；（2）如何伸入盒子内部并发现里面的东西（如果你选择这样做的话）。

想伸进神秘盒子要付出什么？我们发现，最擅长拥抱不可预测性的个人都会培养反弹力、克服脆弱并练习巧妙应对未知事件的能力。请随我们继续探索，这样你就能跟随他们的脚步，当然了，等你准备好了，还可以随时转向踏入全新的、不可预知的疆土。

---

① 十字军东征，在罗马天主教教皇的准许下，由西欧的封建领主和骑士对他们认为是异教徒的国家（地中海东岸）发动的持续近200年（1096—1291年）的一系列宗教战争。

第三章
培养反弹力
Chaper Three

　　纳塔利娅·帕鲁兹在还是小女孩儿的时候就非常想当舞蹈家。当世界著名的玛莎·葛兰姆舞团选她做学员时,这个梦想基本算是实现了。专业舞蹈的要求非常苛刻,纳塔利娅很快就沉浸其中。她每天练习8~10小时,直到脚开始流血,每块肌肉都酸疼不已。但她就是喜欢。因此,当医生跟她说"你要换个不同的职业"时,她整个人就愣住了,全然不知所措。

　　就在仅仅训练了一年半之后,纳塔利娅被出租车撞伤了。躺在医院里,她不停地惆怅还有多长时间可以出院。对她而言,即使恢复速度最快也是不够快。接着,她的医生解释说,脊椎上的伤非常严重,她或许再也不能跳舞了。

一开始纳塔利娅对此完全不信。当然了，她会好起来的，一定是医生弄错了。至少在第二天她本应该参加火箭女郎舞蹈团试镜之前，她甚至都没有感到疼痛。等试镜的日子来了又过去的时候，纳塔利娅已经动弹不得了，完全陷入疼痛之中，绝望油然而生。自那之后，物理疗法的折磨天天光顾她，一步步把她拽入无望的深渊。

　　惊讶有强度之分。它能带来多少欢喜，就能带来多少失望；能带来多少喜悦，就能带来多少愤怒。如果死亡、疾病、战争、经济损失、人际关系危机和自然灾害意外来袭，它们对我们的影响只会更加重大。鉴于消极惊讶事件的影响之严重以及其影响持续时间之长久，也难怪我们很多人都对惊讶事件避之不及。比如纳塔利娅的故事，还有我们自己关于惊讶的一些痛苦不堪的记忆，自然就把我们吓得躲回到自己的舒适区里。那么，不可预测的事情如此可怕，我们该如何接纳它们呢？当然，追随我们的梦想听起来很美好，但通向梦想的道路却遍布了失败、尴尬、迷茫和像摧毁纳塔利娅舞蹈梦一样的出租车之类的东西。所以，跟着不是那么鼓舞人心却可预见是确定的事情走，难道不是更好吗？的确，那样是很好，但这个前提是消极惊讶事件只产生伤痛。事实上，消极惊讶事件通常并不止于绝望，大多数在恢复过程中才会结束，并且很多在结尾处又出现大转折，故事中的英雄不仅会振作起来，而且还会向前迈一大步。

　　事故发生几个月后，纳塔利娅仍感身心剧痛。为了让她振作起来，父母带她去澳大利亚旅游。除了澳国离奇有趣的美景，纳塔利娅对周围所有东西都提不起半点兴趣，甚至都难得有动身离开酒店房间的心思。但父母买了去听音乐会的门票，而她也不想让父母失望，所以就跟着去了。观看表演时，她就茫然地坐在那里，好像自己没在那里一样。但之后随着一个不一样的声音在剧院响起，她不禁抬起了头往前看。

舞台上小提琴、大提琴和长笛一字排开，坐在中间的一位男士拿的乐器与众不同。那乐器是一把手锯，就是你在工具房中能找到的那种锯。他用一张弓弦敲打锯片，听众耳边顿时传来令人震撼的声音，宛如女高音的歌唱和刮风的声音混在一起。乐器随着音乐不断变换，在弓弦、锯片和空气中创造出芭蕾舞音乐的感觉。纳塔利娅为之倾倒了。一等音乐会结束，她就飞奔到后台找那个锯琴手。她问锯琴手："你能教我怎么演奏吗？"锯琴手摇了摇头。纳塔利娅坚持道："求您了。我付钱给您。"男士笑了笑，再次摇头道："回家从五金店随便挑一把锯，然后模仿我在舞台上的演奏，然后你就知道怎么演奏了。"纳塔利娅照做了。

如今，纳塔利娅成了全世界最著名的锯琴手之一，曾在卡内基音乐厅①、麦迪逊广场花园②做演出，也跟几十个管弦乐队同台演出过。锯琴已经成为她生活中重要的一部分，她甚至以"锯琴夫人"（The Saw Lady）的称号而广为人知。纳塔利娅告诉我们："现在我可以坦诚地说，那场事故最后成了我身上发生的最好的事情，

---

① 卡内基音乐厅，美国古典音乐与流行音乐界的标志建筑，以历史悠久、外形美观、声音效果出色著称。
② 麦迪逊广场花园，纽约最悠久、活跃的运动场地之一，从售票记录看，是世界第三大娱乐表演场地。

倘若没有那场事故，我可能永远都不会遇到现在这样精彩的生活。"尽管跳舞的职业可能会让人非常满意，但纳塔利娅的锯琴手职业一直都非同寻常。

纳塔利娅不仅仅是在感激过去糟糕的惊讶事件，她还拥抱了眼前的不可预测性。她乐于接受每天都有让她惊讶的事情发生，甚至去地铁站表演，仅仅是为了结识新人并向他们介绍锯琴。是什么让纳塔利娅和其他像她一样的人对可能发生的惊讶事件持开放心态呢？第一步就是培养反弹力。我们的反弹力越强，就越容易接受惊讶事件。但反弹力到底是什么，我们能从哪里得到呢？答案尽在本章揭晓。

反弹力是什么，为何重要

想象一个城市遭受了飓风袭击的样子。狂风席卷街道，所到之处任何东西都被刮弯变形。现在快进到第二天早上。哪些东西被摧毁了，哪些东西还屹立未倒？跟树木遭受自然母亲的创伤仍牢牢扎根于地下一样，个人和组织若能经受住让人惊讶的艰难情境，就叫反弹力强。并且跟树木的反弹力一样，并非总是看起来强壮的东西最能经受住风吹雨打。

虽然你不是树，培养反弹力对你也有巨大的益处。跟较脆弱的同伴相比，反弹力强的人更快乐更健康[1]。心理学家怀疑，与智力相比，反弹力与成功有更大的关系。如果你不能战胜未来道路上将面临的不可预测的挫折，智力和天赋也只能助你走那么远。而借用《阿甘正传》里阿甘在野外跑步踩到狗屎时所讲的亘古智慧谚语来说，"倒霉事时有发生"（"Shit happens"），现如今，这倒霉事更是以指数级的速度发生得更快了。

我们不能再躲在房子里等着暴风雨结束。它从来不会结束。要在谚语中那样的野外玩得舒服，我们就必须想办法应对不可避免会让人感到惊讶的情形。尝试控制并预测将要发生的一切事情，根本没有任何作用（参阅以上引用《阿甘正传》中的格言）。相反，我们必须相信自己有能力应对将会让我们感到惊讶的情形，有能力从中恢复，并利用它给我们带来益处。

花样滑冰手很久之前就明白这个道理。如果你曾学过滑冰课程，就会惊讶地发现，前几堂课不会重点讲怎么滑冰，而是讲怎样摔倒。教练会告诉你，摔倒是不可避免的。你掌握摔倒后站起来的本领越快，就越能很快学会高难度的勾手三周跳动作。

理解反弹力的另一种方式就是把它想象成自己的心理安全网。做高空秋千飞行的学生如果知道下面有网就愿意冒险，蹒跚学步的小孩如果有信任的父母在身旁也会大胆往未知的地方小跑。想象一群两岁的孩子在不熟悉的操场上小跑的画面。那些有父母紧跟身后保驾护航的小孩会随意走动去冒险，但对于那些不能依靠父母的小孩来说，操场就像是地雷区。他们一寸一寸缓慢地往前勘察，然后会急忙撤退，紧紧抱住监护人不放。这似乎不合逻辑。难道跟父母最亲近的小孩在离开父母之后的时间里不会感觉最艰难吗？但事实恰好相反。信任是让我们放手的心理安全网，不管是放开高空秋千的横木让身体抛入空中，还是放手确定性而去拥抱不可预知性。

如果我们身下没有安全网，旁边也没有守护人，那么反弹力就是我们最强大的安全网。它让我们相信，不管发生什么，我们都不会有事，告诉我们摔倒时我们有能力处理好，能让我们冒险在陌生的范围里闲逛，而不是拔腿就跑回安全的大本营。当惊讶跷板上有足够多的确定性，我们就能够接受跷板向不可预测性那端倾斜。反弹力就是我们直面惊讶事件时内心里的确定感。

培养反弹力的工具

通过研究、采访和帮助企业与个人培养反弹力的实践，我们已经找到了4种培养反弹力的重要工具：打好坚实的基础、重塑自我、找到正确的成功和挣扎模式以及学会转身，发现新的可能。

在展开谈论之前，我们想指出，当消极惊讶事件降临在你家后院时，立刻赶它走不是什么好的做法。悲伤、失落和失望可以让我们慢下来，然后重新去思考，重新去感受。只要这一恢复阶段还没有成为唯一的阶段，我们不建议急忙行动。在拳击界，选手被打摔倒在地之后要再站起来，我们喜欢拿这一现象跟以上建议做对比，在业余比赛中，被打倒在地或看起来垮掉的拳击手会得到数8声的时间，裁判员数8声来判断拳手还能不能继续比赛，更重要的是，这也给选手在重返比赛之前留下了恢复的时间。即便你在倒地之后很想站起来，一位好的教练也会告诉你"等数到8再起来"。

打好坚实的基础

1995年夏天，芝加哥的人行道上热气腾腾，空气似乎凝固了一样，踏出门外半步就感觉像是滚烫的熨斗在胸口打烙印。酷热指数达到了125华氏度（约51.7摄氏度），在这酷暑的5天中，超过700人丧失性命。最贫穷的居民区受灾最严重，老年人在窄小的房子里因中暑身亡，过了好几天之后才有人发现。

但同样是遭遇热浪，有一个非常贫困的居民区情形却大为不同。奥本·格雷沙姆社区的死亡人数不仅比其他贫困居民区的少，甚至比芝加哥受影响最严重地区的死亡人数也少。社会学家艾里克·克兰纳伯格研究了热浪影响的社区。据他所说，"住在像奥本·格雷沙姆那样的居民区，基本上相当于每个房间里都开着空调。"[2]

是什么让奥本·格雷沙姆社区比临近居民区更能适应酷热天气呢？艾里克发现，关键区别在于该社区居民的亲近关系和稳定状态。在其他社区，人们的生活各自孤立，而在奥本·格雷沙姆，邻里之间、邻里和当地企业之间都互有联系。在热浪来袭期间，他们清点了自己社区内易受伤害的人员，共享信息和资源，并且一起在有空调设施的建筑物内共度时艰，并非各自躲得远远的。

就像奥本·格雷沙姆社区的稳定状态一样，打好坚实的基础可以培养反弹力，甚至可以让最坏的惊讶事件变得可以忍受。社会支持在创造稳定性方面尤其有效。面对压力和恐惧，在我们的内存不足时，它就像一个外部硬盘驱动器或闪存盘，可以临时存储一部分我们的压力和恐惧。沉稳持重的人和支持我们的人也能帮我们清醒头脑，并清楚明白地提醒我们，"我们很重要。"

并非所有人都适合这样的角色。向那些跟你一样焦虑且做出破坏性行为（例如自虐）的人求助实际上会加剧破坏性行为[3]。当企业经历重大变革时，同事间的交流会加重恐惧，特别是没有从领导层那里得到可靠消息时尤其如此。培养反弹力需要的不是一般的人，而是沉稳持重的人。

坚实的基础可以通过加强惊讶跷跷板的确定性那一端，从而让惊讶事件不再那么可怕。传统、习惯、例行公事和常规生活也都可以起类似的作用。患有创伤后压力综合征① 的人会发现，自己的常规生活会简单得跟每天早餐吃相同的食物或者每天同一时间去体育馆一样。心理学家米哈里·奇克森特米哈伊在创造性超高的人群中也发现了这样的模式[4]。他们把生活中很多方面都标准化，甚至每天穿戴同样的东西，以此留足时间精力发现惊讶的新想法和新经历。

打好坚实基础的另一种方式是培养技能。空中杂技演员塞恩娜·夏普告诉我们："要在空中有安全感，我应该能够相信自己的搭档。但即使我对搭档了解不多，我还相信自己的技能水平。只有两个人都出错了我才会掉下去，而我就是这两人其中之一。"

坚实的基础对组织、对个人一样重要。我们的客户在需要增强创新能力、创造更多欢乐的时候会向我们求助。他们的员工做

---

① 创伤后压力综合征，是指人在遭遇或对抗重大压力后，心理状态产生失调的后遗症。症状包括恶梦、性格大变、情感解离、麻木感、失眠、回避会引发创伤回忆的事物、易怒、过度警觉、失忆和易受惊吓等。

事畏首畏尾，各个疑神疑鬼并且消极悲观，甚至最鼓舞人心的领导似乎也不能激励他们行动。大多数情况下，我们发现其中潜在的问题是缺少稳定性。为了给创新和欢乐铺路，我们从拟定透明制度、办事流程、例行公事以及培养信任与技能方面着手，可谓是通过减少惊讶元素来创造惊讶元素。

想一想自己的稳定基础的来源是什么。生命中始终对你不离不弃的是哪些人？研究显示，人们通常有五个关系要好的朋友就足够了[5]，无须不断增加社交网站上的朋友人数。哪些小（而正常合理）的例行公事能给你带来舒适感和稳定感？当生活失控，跟跷跷板一样失去了平衡时，你可以去哪里，能做些什么？这时，你需要不断尝试不同程度的稳定性，直到找到让跷跷板平衡的最有效点，而且你或许需要常常校准这个有效点。当生活一团糟的时候，多依靠自己的常规事项和支持系统。等基础扎稳，你已经准备好了去迎接更多让你惊讶的事情。

重塑自我

对乔伊·休伯来说，自患癌症之后最糟糕的时刻之一，莫过于她在洗澡时突然听到什么东西吧嗒一声掉在地上，她低头一看，是一大团棕色的头发躺在脚边淋浴器下水道旁。刚33岁的时候，她就被诊断为淋巴癌第四阶段，第四阶段意味着癌变已经扩散到较远的组织或器官上了，这的确很可怕，突然之间让人惊讶不已。她知道掉头发是治疗的副作用表现，但直到她听到那一声可怕的声音，并看到淋浴器旁那一团乱七八糟的湿头发时，她才完全明白是怎么回事。那一刻太让人震惊了。但随后她在剃光剩下为数不多的头发时，一个好奇的想法涌上心头："或许，趁这个机会可以看一下我当红发人会是什么样子。"

把掉头发这样的厄运看成一种机会的转换过程就称为重塑自我。重塑自我就是一个图式转换。当我们用一种新颖且令人诧异的方式理解同一情境时，我们就是在对情境进行重塑。反弹力强的人都是重塑自我的高手。他们甚至可以从最糟糕的惊讶事件里找到价值。"当然了，我视力变弱了，钱也花了很多，但现在每个人都对我更好了。"最近在地铁上遇到的一个男人这样对我们说。当熟练的重塑自我高手走到惊讶程序的转换阶段，他们会用积极的视角看待所处情境。

乔伊改变了对掉头发一事的看法后，想再往前走一步，决定在脸谱网上办一个自己新假发的时装秀。她试了各种不同的发型，拍了很多照片，让朋友投票选出他们最喜欢的。很快，她又发现了癌症越来越多"有益"的副作用，如不用刮腿毛，腿就像丝绸般光滑；不必减肥，体重轻松就降了下来（多亏癌症引发的恶心作呕）；而最重要的是，她可以从很多最微小的事情中寻找到意义。乔伊甚至还写了一本关于自己的新发现视角的书，书名起得很巧妙，叫作《癌中有乐：癌病里的乔伊》（*Cancer with Joy*）[1]。反弹力总是和重塑自我形影不离，当我们在消极惊讶事件中找到价值，

---

① Cancer with Joy一书暂无中文版，《癌中有乐：癌病里的乔伊》为译者所译，原书名的巧妙在于用了双关的手法，"Joy"既是作者乔伊的名字Joy，又有"喜悦、快乐"等含义。

它们的糟糕程度就大大减轻了。当我们相信没有哪个经历全然是糟糕的，我们就不再害怕惊讶事件，并且会更愿意拥抱不可预测性。

重塑自我不仅仅是肤浅地尝试积极思考。人们在重塑一种情境时，大脑对其处理的方式是不同的。我们再回到塔妮亚让孩子们把手伸进神秘盒子里的实验。在检测孩子们的脑波活动时，她同时也给孩子们展示了令人不安的图像（是的，她对此做了一些特别的研究）。孩子们坐在小房子里观看恶狗、哭泣的孩子以及牙医正在钻牙的图片。参与者只看到这些图片，大脑就会产生恐惧感。当随后再看到同样的东西并一边听中性或积极的解释时，比如"这只狗很勇敢，它正在保护小女孩"之类的解说，似乎他们的大脑中呈现的是完全不同的图片[6]，那些令人不安的图片失去了负面的效果。

心理学家特雷茜·丹尼斯（情绪与情绪调节实验室的主管，塔妮亚曾在那里做研究员）告诉我们：

重塑自我在心理学文献中被称为情绪调节策略再评价，是我们很多人（至少在美国文化中）处理即使是最疼痛、最令人苦恼的情绪挑战的基本方法之一。这种"在不幸中寻找一线希望"的方法做起来似乎很简单，但我们很多人并不习惯于用这种方式处理消极事件。我们发现，更有效地再评价能力是可训练的，并且我们可以磨炼自己的这种能力，从而提高个人幸福感。

重塑自我是有作用，但它仅仅是在粉饰真相而回避沉重的现实吗？当然不是。积极重塑自我跟消极的重塑一样合乎逻辑，只是前者对你的身心健康更有益处。所有的情形都各有利弊。每次一扇门关闭，总有另一扇会打开；并且每次一扇门打开，总有另一扇会关闭。跟你失去工作有积极影响一样，彩票中奖也有消极影响。如果你能注意到某一情境的弊端，也会注意到至少有同样多的益处。

消极惊讶事件最大的益处之一就是可以促进个人发展。美国纽约著名癌症中心纪念斯隆-凯特琳癌症中心的精神科主任威廉·布赖特巴特说："苦难或许是让我们成长的必需品。"[7]《卷土重来》[①]（*Bounce Back Book*）一书的作者凯伦·莎尔曼森用这样的方式把他的哲学讲给我们："我们生活中很多考验的发生都是为了帮我们进一步挖掘，从而我可以弄明白真正的我是谁，这样我就可以明白自己能够变成什么样的人。生活中那些让人惊讶的考验更是如此。实际上……我遇到的大多数考验都是突然发生的。"[8]消极惊讶事件还会加强社会关系，针对自然灾害和大型事故的研究一次又一次证明了这一模式。例如，得克萨斯州农工大学篝火火灾事故[②]造成12名学生死亡，悲剧发生之后，大学社区的关系更紧密了，并且学生的健康实际上也得到了改善[9]。

要培养反弹力，就要先养成重塑自我的习惯。这一过程一开始可能比较难，你甚至会觉得很不自然。坚持下去。在纽约生活实验室，我们训练管理者重塑在工作场所遇到的挑战和冲突，一开始他们苦苦挣扎，但最终都转换到了自发重塑自我的模式。善

---

① 《卷土重来》，原书全名为 *The Bounce Back Book: How to Thrive in the Face of Adversity, Setbacks, and Losses*，暂无中文版，《卷土重来》为相关书评所译。
② 得州农工大学篝火事故，篝火一直是该校的一个校园传统，传统上在感恩节前后点燃。1999年，篝火建造过程中的坍塌造成了12人死亡和27人受伤，校方随后宣布中止官方性的篝火。

于重塑自我的领导者不仅是反弹力更强的个人，还能培养出反弹力强的团队。要训练自己，在消极惊讶事件发生的时候问自己以下4个问题：

1. 副作用中好的一方面是什么？（如果你刚好被解雇了："现在我可以找我喜欢的工作了。"）

2. 我从中学到了什么？（如果一种关系断绝了："我需要更加有耐心。"）

3. 我想要的是什么？（如果你在经济上苦苦挣扎："我想赚更多钱。"）

4. 解决方案是什么？（如果你被诊断患了糖尿病："我怎样才能改变自己的日常饮食？"）

我们不能许诺你每次遭遇不幸都能复原力量，就连我们自己都不能那么快地重塑自我。但是我们可以保证的是，不可预测性会慢慢不再那么让人恐惧。

找到正确的成功和挣扎模式

未来的道路越来越难以预测，要求我们有更大的勇气和更强的创造力。作为回应，学校、企业和个人都转换了自己对失败的观念。以前的公理是："如果做不好，那做都别做。"而如今，在激励性海报上你将看不到这样的说法，你更有可能听到的是"首战不成，那就尝试，尝试，再尝试"，或者你可能听到的是人们常常引用的托马斯·爱迪生的妙语，"我没有失败，只是发现了一万种不成功的方法而已。"

教育家和商业领导人鼓励我们拥抱失败，并把错误当成有价值的经验。这种文化运动非常好，但很多倡导文化运动的失败者仍然看不到大局。成功本身或失败本身都不是反弹力的推动力，真正的推动力是我们称为夹了"挣扎"的三明治模式——成功、挣扎、再成功。为了做出解释，我们这里先给你介绍凯文·普伦蒂斯，他是我们见过的反弹力最强的企业家之一。

在大二时，凯文和一个同班同学共同成立了一家网站开发公司。公司快速发展产生了现金流的问题，凯文发现自己陷入了坎坷崎岖的境地（连吃一支"石板街"冰激凌的心思都没了）。为了让初生的公司生存下来，凯文用信用卡支付所有的支出，晚上还兼职送比萨饼赚钱，付清最低还款额。

这些挣扎在两年内得到了回报。他在第一次互联网浪潮中又开了两家公司，卖掉其中一家公司，赚了超大一笔钱并且持股1000万，很享受作为23岁超级富翁的感觉。但随后互联网泡沫破裂了，股票不再值钱。随着整个股票市场的崩溃，他剩下的积蓄也凭空蒸发了。

"来得容易，去得也快。"凯文这样安慰自己。但想到自己曾经做过一次，他又决定，在哪儿跌倒，就在哪里爬起来，"来得容易，去得也快，那就让它再来得容易一次吧。"凯文卷土重来，又开了一家公司，如今他在运营第四家公司，那种坐过山车般惊心动魄的曲折起伏仍然是他生活中的家常便饭。他在采访中告诉我们："就在最近，我们完成了一个来之不易的开发协议，我终于实现了一次短期旅行。等我回去的那天，我发现技术总监不在办公室，就询问一个程序员他去了哪里，程序员回答说，'嗯，你在外面的时候，我们不想打扰你，但是他家里出了急事，最近一段时间都不可能回来工作。'在这样的时刻，我会先给自己10分钟去想需要做的所有事情，然后开始头脑风暴式思考该怎样采取行动。"

凯文的生活充满了积极的惊讶事件和消极的惊讶事件，根本无法预测什么时候会发生哪种让他惊讶的事情，就像多首声乐曲或器乐曲串联成的混成曲，听起来让人很不安，因为事实上也的确如此。但是大部分反弹力强的人都在成功和挣扎的过山车上吃够了苦头。他们开发出自己强大的反弹力正是因为吃了苦，这种能力并不是不吃苦就能轻轻松松获得的。这其中的诀窍是找到正确的成功和挣扎的模式（即做夹了"挣扎"的三明治模式）。

比方说，你想帮一个小孩培养数学方面的反弹力。你想让她接受新挑战，甚至在做不对数学等式以及铅笔尖断了的时候，仍希望她能沉住气坚持下去。理想的情况是，你先让她旗开得胜，就是让她一开始赢得既轻松又满意。接着，她应该尝尝挫败的滋味，但不久后，这种挣扎应该给她换来再次尝到成功滋味的机会。如果开始不久后，学生就挣扎并且失败了，她有可能就会放弃，这种反应称为习得性无助[1]。如果她不断取得成功，当她最终真正遭遇难关时就有可能害怕失败或直接放弃。但如果她先成功，然后挣扎，接着又成功，她的大脑就会把努力和失落与成功联系到一起，会把挫折当成胜利之路的台阶。这个夹着"挣扎"的三

---

[1] 习得性无助，人在经历了失败和挫折后，面对问题时丧失信心产生的无能为力的心理状态和行为。

明治并不是什么秘密配方，纽约生活实验室在它所有的工作坊里都在用，惊讶产业公司也把它用在所有的冒险活动当中。

　　语言治疗师朱莉·杰克逊用夹了"挣扎"的三明治模式，帮助了一些有语言学习障碍的客户。朱莉告诉我们："语言表达方面有障碍就是一场持久战，尤其是在当今世界，交流沟通的速度如此之快，这场战争更是让人疲惫不堪。用更长的时间来表达自己，不仅感觉尴尬，也会感觉羞耻。你跟不上他人的速度，感觉好像自己身体内核里有什么东西出问题了，所以很容易就干脆放弃。"为了帮助客户培养反弹力，开始时朱莉让他们做一些容易掌握的练习并常常表扬他们。"但如果每次尝试后我都表扬他们，那么事情就无法可持续进行了，"她补充说，"他们会离开我的办公室走入社会，也不会保持他们学到的策略，因为他们对表扬的依赖性太大了。"所以在取得一些成功之后，朱莉会把练习的难度提高，给客户一次挣扎的机会。然而，其中的关键是挣扎最终能累计换来成功和更多的表扬。

　　你会怎样用成功和挣扎模式培养自己在工作中的反弹力呢？健身活动中的反弹力又该怎么培养？还有各种关系中的反弹力呢？首先，通过制定小而实际的目标让自己先旗开得胜，好好品尝一下胜利的滋味。接着，把目标拉远，让自己挣扎一番，为失败和痛苦的时刻欢呼一会儿。走到这一步，说明你成功到达了三明治的中间层。坚持不懈，直到成功。此时，你是在训练大脑把努力和回报两者联系起来，所以不要放弃，之后你会感谢自己。进入夹着"挣扎"的三明治中间层的次数越多，你就越能啃下包含更多不可预测性的三明治。的确，这种夹了"挣扎"的三明治肯定不是很可口，但它是培养反弹力最健康的配方之一。

学会转身，发现新的可能

在本章开篇不久，我们请你想象了飓风过后第二天早上的情景。存活下来的树木跟躺在地面上惨遭虐待的树干有什么区别？反弹力强的树木在头一天晚上看起来并不是最强壮的，但它们没有被飓风的压力所折断，而是随飓风变弯了。在充斥着变化和不断让人惊讶的时代，反弹力意味着灵活性。不懂得灵活变通，我们就会变得很脆弱。当我们随变化而动而非逆变化而行，不仅能从糟糕的惊讶事件中恢复过来，更会转身得到新的机会。

纳塔利娅·帕鲁兹不仅从意外事故中解脱出来，还因为事故找到了新的生活激情。乔伊·休伯不仅从癌症中生存下来，还写了一本书，并开了一家公司给其他病人传递"乔伊的一剂欢喜之药"。还有，凯文·普伦蒂斯不仅赚回了商业损失，还跟随道路上的每次波折，走向了甚至比计划中还好的未来。这些人并不是孤独的奋斗者。在患重大疾病的人群中，超过60%的人称，疾病给他们的生活带来了积极的变化[10]。这就说明，消极事件会产生积极影响可能是规律而非例外。

在一项关于心理学家称为创伤后成长的调查中，理查德·泰代斯基和劳伦斯·卡尔霍恩发现，经历各种不同创伤后的个人报告称，自己感觉跟其他人关系更亲近了，更懂得享受生活，还发现了生活转向新方向的机会[11]。正如心理学家基思·贝利齐所说：

"癌症之后的生活意味着寻找新常态，但对于很多人来说，新常态比旧常态更好。"[12]

惊讶事件强迫我们停在原地，反省自身，环顾四周，然后考虑新方向。最糟糕的惊讶事件在这方面的表现最突出。太多的时候，我们脚下在走的道路往往正是我们结束旧常态后走上的道路。我们总是太忙着往前赶，只想着自己走的是不是正确的方向。当消极惊讶事件轻拍我们的肩膀时，我们别无选择只能抬头往上看，确认自己在哪里，然后开始长久以来第一次思考自己想到哪儿去。有时候正确的道路（不管是弹锯琴还是事业转入新方向）正是你从没有想过的那条路。

我们用客户能发现的最小的、让他们惊讶的挫折帮助他们练习转身的能力。你自己尝试一下。你喜欢的餐馆关门了？太好了，这是你开始美食探险之旅的好机会。你被朋友放鸽子了？恭喜你！你现在终于有时间可以做自己总是推迟的事情了。我们的目标不是简单地重塑自我，而是向新方向前进。转身越频繁，你的反弹力就会越强；反弹力越强，在你面前铺展开的不可预测的新道路上，你的冒险之旅就能走得更远。

第三章

简短版本

反弹力是能让我们从消极惊讶事件中迅速恢复的本领。反弹力强的人更快乐、更成功,并且更能够把霉运化为好运。

工具

● **打好坚实的基础**:为了接纳更多的惊讶事件,我们可以塑造稳定的关系,养成有助于加强惊讶跷板可预测性/确定性一端的习惯。

● **重塑自我**:转化视角去发现消极情境中的有利之处。

● **找到正确的成功和挣扎模式**:学会把挣扎和成功联系在一起。先让自己取得小胜利,然后给自己一次挣扎的机会,在达成目标之前不要放弃。

● **学会转身,发现新的可能**:当消极惊讶事件轻拍你的肩膀时,把它当成转入新方向的机会。

锻炼你的惊讶肌肉

噢喔!你的公司正在大张旗鼓地裁员。你该怎样做来培养自己的反弹力从而拥抱惊讶事件呢?

第四章
重塑自我的脆弱面
Chaper Four

2010年，TED大会（致力于传播思想的一个知名联盟）演讲人名单上有詹姆斯·卡梅隆、伊芙·恩斯勒、娜塔丽·麦钱特、莎拉·西尔弗曼、肯·罗宾逊、比尔·盖茨和拉加万·K.K.。根据拉加万所说，他是花名册上最不出名的人（甚至跟听众相比也是如此）。其他演讲者待他十分冷淡，一位演讲人的保镖因为他坐得太近而冲他大喊。尽管拉加万平时也不是很腼腆，但大多数时候都是独来独往。而直到他作为艺术家讲自己的经历时和走下台之后，这一切都变了。

"莎拉·西尔弗曼跟我击掌，阿尔·戈尔第一个给了我大大的拥抱。"拉加万在采访中这样对我们说。还没弄明白怎么回事，他就听到了三次热烈的掌声，并引起了潮水般的关注。拉加万是位才华横溢的艺术家，他的观点颇具启发性，但是他把自己的成功归功于其他事："在名声、财富或社会关系方面，我都比不上其他任何演讲人，但在展现脆弱方面我能和他们媲美。"

这个说法太奇怪了。拉加万通过展现脆弱而压倒世界上最强大的一些人？如果"脆弱"跟"弱点"是同义词，这怎么可能呢？展现脆弱的意思是放弃控制，同时完全敞开心扉拥抱不可预测的和让人惊讶的事情。

脆弱=弱点

脆弱到底是什么？从身体角度来说，脆弱就是一种弱点，容易让人受伤，但大多数人说自己不想感到脆弱时，并不是这个意思。从心理学角度来说，脆弱与弱点的意思有细微的差别。研究员布勒内·布朗把它定义为不确定性、风险和情绪暴露，它指的是我们可能在情绪方面受到伤害。

脆弱会让人感觉非常不舒服，以至于我们很多人甚至不敢大胆展现自己的脆弱，去承认自己害怕展现脆弱。我们总是藏在像"我不感兴趣"和"它不适合我"这样的理性辩解背后。我们不仅害怕消极的惊讶事件，还担心情绪暴露和情绪上不能自卫。甚至当我们有足够强的反弹力来应对学滑冰时摔倒的情形，我们却总是不能忍受跳起之后心中产生的那种脆弱感。

然而，拉加万正是选择展现脆弱，才赢得了听众的赞赏。他在舞台上的走动不是炫耀的姿态，没有穿高档西装，也没有专门准备好的举止。他身穿牛仔裤和毛衣，在舞台上时而蹦蹦跳跳，时而来回踱步，冲着听众咯咯笑，讲自己生活中的故事，还承认自己曾犯的错和局促不安的感觉，仿佛听众和拉加万内心深处的感情之间毫无屏障。

像这样毫无掌控的结果也可能会很可怕。"如果我展现了真实的自己，而人们不喜欢我怎么办？""如果我犯错误了，怎么办？""如果我请求帮忙，而每个人都置之不理怎么办？""如果我满心希望，而结果却大失所望，又怎么办？"这些如果的情形都会让我们更加害怕展示脆弱，而这些恐惧会一直把我们捆绑在厚厚的保护层之中，什么都进不去，也出不来。除非等我们打碎脆弱的旧定义并对它进行重塑，否则要去掉这些保护层并拥抱不可预测性几乎不可能。

脆弱=弱点
脆弱=开放

如果我们把脆弱理解为弱点，认为脆弱可能让我们面临痛苦，那么不可预测性将总是一个威胁。但当我们把脆弱重新定义为开放，不可预测性就变成了机会。我们在持开放心态时，跟其他人才能相交得更深。他们把我们当成真实的我们看待，我们能得到他们的信任。甚至别人全然了解了我们，我们也会更喜欢自己，因为我们发现自己有价值。我们从开放中学习到新东西，能更充实地体验生活。展现脆弱就是把自己当成一块海绵，大量而迅速地吸收痛苦和失望，但能从中有所发现、建立关系、感受惊奇并获取喜悦的心情。那么我们把脆弱重塑为开放后会怎样呢？跟所有的图式转换一样，它会帮助我们从多个新视角观察事物。在本章，我们将和你分享我们的视角，然后为你介绍几个工具，帮你邀请甚至更多的（是的，就是更多的）脆弱进入你的生活。

冷静是成长的敌人

在6岁之前，小孩用"惊讶"这个词几乎专门是指积极事件[1]。但随着我们日益长大，惊讶更多呈现的是消极意义。这是为什么呢？其中一个原因是惊讶让我们变脆弱了，我们在长大过程中，把脆弱与尴尬和羞耻联系在了一起。我们想把所有自己看起来很愚蠢的时刻深深隐藏在心底，并且特别留意自己看起来极其冷静的时候。我们很享受这些很冷静的时刻。在某种程度上，我们在决定避免愚蠢而追求冷静的感觉时，麻烦就开始产生了。

回忆一下小时候你玩得特别高兴而今天却会让你感到很担心的事情。对大多数成年人来说，这个清单中包括跳舞、唱歌、表演、写作、画画，还有尝试接触新事物等。这些活动充满了不可预测性，好像都贴有巨大的脆弱性的标记一样，大声地喊着："危险！可能会丢丑！不要太离谱！保持冷静！"

在过去，只有在规范已经确定，并在掌控之中的可能性的情况下，冷静才有意义。保持冷静就是一切都能搞懂，意味着一切都是确定的，一切都可以在学习中弄明白。而在今天，这些都不可能。当今世界的一个鲜明特点是充满模糊性和变数，要求我们终生学习。没有开放心态，你就学不到东西。冷静就是成长的敌人。

防卫是关系的敌人

我们的思想中还有另外一个鬼鬼祟祟的敌人：防卫。这个敌人没有靓丽的秀发，也没有闪闪发光的轿车，但它有一样更诱人的东西，那就是一个没有疼痛的承诺。我们整个文化都憎恶疼痛。我们已经非常擅长与疼痛作斗争，以至于我们发明了几乎能减轻任何疼痛的药丸，而我们唯一还掌握不好的就是能消除情绪上的划痕和伤痕的药丸。

情绪上的疼痛感觉如此可怕，部分原因在于，我们的大脑在处理情绪疼痛和处理生理伤害时用的是相同的神经通路[2]。把情绪疼痛称为心痛有充分的理由。大部分人预防这种疼痛的最佳策略就是情绪防卫。比方说，我们所乘的飞机上所有其他人都是流感携带者，他们在不停地打喷嚏，而脆弱就是这种情形在情绪方面的对应物。如果我们就这样暴露着，在想自己肯定不会安全。所以，即使是在我们最亲近的关系中，我们也会保护自己，与他人保持一定距离。

当我们把脆弱重塑为开放，我们就会看到这个问题的解决机制。想象有两个人尝试互相握手，而各自却都把手握成拳头是怎样的情形。除非我们敞开心扉接受各种关系中不可预知的欢喜与失望、喜悦与悲伤，否则我们不可能跟别人建立关系。用C.S.刘易斯的话说就是："不管爱上什么，你都会心痛，甚至有可能心碎。如果你想确保它完好无损，千万别把它送给任何人，甚至给动物都不行。用爱好和华丽的衣服把它小心翼翼地包好，避免所有的纠缠瓜葛。把它安全地锁在自私的骨灰盒或棺材里。但在那安全、黑暗、静止不动且连空气都没有的骨灰盒里，它会变质。它不会破碎只会变得牢不可破、刺不穿、挽不回。爱就是把自己的脆弱展现出来。"[3]

距离是影响力的敌人

谢家华[①]是全球最大在线卖鞋零售商以及全球最成功的企业Zappos（后者你或许知道）的首席执行官。你可能认为，如此显赫的职位，自然会配有十分气派的办公室。从传统意义上来说，你想的可能是对的。但谢家华并没有在公司的一角独占一个巨型办公室，更没有橡木办公桌或皮椅，反而和其他所有员工共用一个办公室，自己100平方英尺的办公桌刚好挤在大办公室的正中间。在他从过道经过时，员工不用压低说话声音，也没有人称他为谢先生（即使他们知道怎样正确发"谢"的音），他们都喊他的英文名Tony。

就在10年或20年前，这种脆弱的领导方式似乎很荒唐，在那时候，影响力的同义词就是能把少数有权的人与大多数人拉开距离的任何东西。如今，我们看到的情况正好相反。父母、政治家、教师还有管理者都更平易近人，甚至詹姆斯·邦德[②]都在往软心肠人的方向转型。

---

① 谢家华，英文名为Tony Hsieh，生于美国伊利诺伊州，在旧金山长大，是一名台湾裔美国人，著名网络企业家与创业投资家。他曾创办LinkExchange，现为线上成衣与鞋子商店Zappos.com的首席执行官。
② 詹姆斯·邦德，英国作家伊恩·弗莱明写的13部间谍小说中的主人公，在故事里是英国情报机构军情六处的特务，代号007，被授予杀人执照，有权除去任何妨碍行动的人，机智、大胆、有冒险精神。

探索这一文化演化的方法之一就是使用人际环状模型。人际环状模型详细展示了各种人际特质，利用确定对不确定、封闭对开放这两种维度来衡量人的品格。大约在1980年之前，权力存在于那些看起来距离远而又无所不知的人。今天，权力正在转向那些愿意承认不确定性且愿意通过真实性保持开放姿态的人。换句话说，伟大的领导者都乐于拥抱让人惊讶的事情。

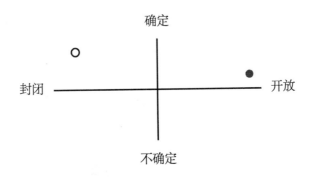

当我们把脆弱性重塑为开放，我们就能明白为什么脆弱和影响力密切相关。我们在呈开放姿态时，就更容易赢得信任，人们会看到我们在和他们并肩奋斗，他们就能明白我们的意图并体谅我们的感受。当我们封闭了自己，我们就制造了距离感，而距离感会滋生猜疑。这就是为什么美国总统也开通推特①的缘故。

---

① 推特，一个社交网络和微博客服务网站，是全球互联网上访问量最大的十个网站之一。

主动展现脆弱

对脆弱的恐惧在我们生活中扮演的角色比想象中要大很多。来看看经济学家丹尼尔·埃尔斯伯格在1961年做的这个思想实验[4]。假设我们给你展示了两个罐子。在A罐子里面有数量相等的黑色和白色弹珠，B罐子里的弹珠总数量和A罐子的一样多，但我们不会告诉你每个颜色各有多少个。如果你从罐子里取弹珠时不看的话，你必须先打赌猜猜自己将取到的弹珠是什么颜色，然后选一个罐子从里面取弹珠。如果你赢了，奖励100美元，只有一次机会。准备好了吗？好，先选弹珠颜色（黑或白）。现在决定：你应该伸进哪个罐子取弹珠？要记住，别作弊呦。

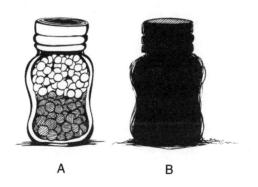

A   B

如果你选择A罐子，那你刚好中了埃尔斯伯格悖论（Ellsberg paradox）的套。但不光是你一个人，别人也一样！尽管算术上没有十分合理的原因让人选择这个罐子，但大多数人（甚至数学家和经济学家）都会做这样的选择[5]。比方说你打赌将取到的是黑色弹珠，你从A罐子中取到黑色弹珠的概率和取到白色弹珠的概率是一样的。由于你不知道从B罐子中取到黑色弹珠的概率是多少，跟从A罐子中取的概率相比，可能是一样的，也可能是更高或更低的，所以就像从神秘B罐子中取黑色弹珠一样。

如果你还不确定罐子跟你的生活有什么可比性，那就想想下面这个情形。现在你在跟一个自己不是特别喜欢的人A约会，你可以选择继续和A在一起，或者选择跟另一个了解不多的B约会。最后的结果有可能是，B甚至还不如A，当然了，B也可能和A一样好或更好。那么你会选择谁？

根据埃尔斯伯格悖论，我们往往更可能拿确定的事情去碰运气。但这是为什么呢？经济学家从历史角度解释了这个现象，称这是由于我们天生就害怕未知的东西。脑成像研究显示，杏仁体（大脑中负责恐惧的区域）发现了神秘B罐子后就会被激活[6]。但更新的研究表明，事实并非如此简单。

让我们回到罐子的实验中，新增加了20位穿实验室服装的经济学家和心理学家，他们都坐在屋里看着你做决定。你会选择哪个罐子？给屋内增加观察员会增加实验参与者对未知的厌恶。害怕他人的消极评价会让人产生脆弱感，从而进一步让参与者更坚定地选择自己了解的那个罐子[7]。

但如果去掉观众从而消除脆弱感的话，结果会怎样？为找到答案，荷兰的一组研究人员设计了一个更巧妙的实验[8]。实验的奖品是《单亲插班生》（*About a Boy*）和《逍遥法外》（*Catch Me If You Can*）（两者都是2002年参与者梦寐以求想看的两部电影）。参与者选择自己想要哪个奖品，但按照指示，不能告诉任何人他们想要的奖品是什么。接着，他们在其中一个电影上面贴X型的贴纸，在另一个电影上面贴O型的贴纸。最后，他们决定想玩哪一副纸牌。其中一副纸牌里X牌和O牌的数量一样多（跟A罐子一样），另一副纸牌里X牌和O牌不知道各有多少（跟B罐子一样）。一旦参与者取出一张纸牌，他们就能得到贴有同样形状贴纸的那部电影。只有参与者本人知道自己是输还是赢。

如果我们对未知的恐惧取决于对消极评价的恐惧，那么去掉所有被评价的可能性应该就能减轻对未知的恐惧。研究员假设，如果没有对评价的恐惧，参与者选择那副神秘纸牌的可能性和选择那副概率已知的纸牌的可能性应该是一样的。但实验结果让他们大为吃惊。当参与者被要求告诉观察员想要的奖品是什么，他们选择那副神秘纸牌的概率是35%（很典型的模式）；但如果他们不把自己的奖品偏好告诉其他人，他们选择那副神秘纸牌的概率是67%！只要没有任何对消极评价的恐惧，我们实际上会选择冒险一试，选择能让自己惊讶的东西。对于我们这些一想到拥抱不可预测性就不知所措的人来说，这一深刻见解非常重要。我们害怕的到底是风险，是脆弱，还是被评头论足？我们那些看起来符合逻辑和常理的完美选择，到底有多少都暗地里受到了恐惧的影响？

只要害怕脆弱，我们做事就会非常谨慎，这就阻止了我们对新事物的探索。要练习重塑自我进而更从容地应对脆弱，我们必须积极地邀请它进入我们的生活。练习开放心态的方法有无数，但这里有三个效果不错的方法，可以当作训练工具：承认错误、提高一个档位、请求帮助。把这三个方法当成追捕你个人脆弱性的工具，本周就寻找使用这些技巧的机会，把脆弱引诱出来吧！

承认错误

为了测试人们对犯错的理解，一组社会心理学家做了一个实验[9]。他们让参与者听一段录音，录音里是一个学生在智力竞赛节目上回答问题，表现得很差。他支支吾吾，差点把自己的名字都说错了。接着，参与者听到了什么东西摔碎的声音，他们明白那是学生把咖啡打翻了。研究员想知道，打翻咖啡的行为会怎样影响人们对该学生的看法。他们发现，该学生本来已经不高的好感度得分在这次笨拙的意外错误之后又降了很多。

随后研究员放了一段不同的录音，这次是一个成绩优异的学生，他几乎答对了每一个问题，而同样是打翻咖啡的行为却增加了人们对他的好感度。犯错的行为让该学生变得脆弱，而这一点让他在人情上得了分，并且在他与观察员之间创造了一种联系。错上加错不会帮我们赢得加分点，但如果我们技艺高超且称职能干，几次小的失误实际上会提升我们的形象，增强我们的关系。

但还有比犯错本身更重要的东西。真正重要的是我们如何处理过错。我们是掩盖它们而保护自己还是怪罪于其他事（或其他人）？或者我们敞开胸怀接受惊讶事件并承认错误，从而欣然接受不可预测的后果？

想象一下一家大型公司的首席执行官走进会议室的情景。人们的谈话逐渐停下来，翻文件的沙沙声也停止了，每个人都转过去看着她。她清了清嗓子，然后说："我错了。"有可能出现的情况是，在那一刻，她感觉自己很渺小，很害怕。她的身体并不知道她是一名首席执行官，只知道她是个普通人。当人们感到羞耻时，就会想要自己躲起来。而首席执行官不应该躲起来，所以她挺身站了出来。而她没有意识到的是，在桌子另一边，她的员工并没有谴责她犯错，反而赞赏她有勇气承认错误。正如布勒内·布朗所说："脆弱感在你看来是勇气，在我自己看来是弱点。"[10] 脆弱感的讽刺之处在于，它总让我们感觉自己很渺小，但实际上在别人看来却很了不起。

全球领先的趋势网站趋势观察公司Trendwatching指出，企业方面也有相似的现象[11]。他们为此现象杜撰了"flawsome"（有缺陷的）这样一个词，专门描述那些承认自己的错误而不为错误做辩解的品牌，比如达美乐比萨饼公司（Domino's），曾因送到的比萨饼变形难看而公开道歉①。趋势观察公司的研究员称，尽管这些脆弱的品牌犯了错误，但消费者还是喜欢他们，原因在于他们处理错误的方式。研究员这样写道："对于那些（假装）没有弱点、没有不足或不犯错的人，人们是很难真诚地和他们建立关系、友好相处或者真正相信他们，这是人性使然。"

错误和不足会让人产生羞耻感，我们应对的办法是把它埋在心里。实际上，与其他所有情绪体验相比，我们在分享羞耻经历时，

---

① 达美乐比萨，跨国比萨饼外送连锁店，总部在美国密歇根州，也是全美第二大比萨连锁店（2004年），仅次必胜客。道歉事件：路况原因加上限时外送，路上颠簸甩动导致比萨饼变形。

细节方面说得更少，分享的对象也更少[12]。而这里的悖论在于，和别人谈论自己的羞耻感正是我们战胜它所需要的。承认自己的错误会缓解我们的羞耻感，赢得信任并激励他人也开放坦诚。

承认错误是主动展现脆弱且更从容应对它的最有效方法之一。选一个犯过的小错或某种不安全感讲给其他人听。留意一下在讲述过程中，它让你有怎样的感受，给别人带来了怎样的影响以及它如何改变了你和他人之间的关系。你们是否更亲近了？是否鼓励了其他人和你分享他们自己的不足？你有没有感觉好了那么一丁点儿？如果这个实验一切都顺利，那就把这件好事继续做下去。我们越是勇于承认自己有小缺陷，我们的世界就会变得越好。

提高一个档位

接下来的这个练习我们非常喜欢，因此，我们每天都在用它来扩展我们脆弱感的边界。我们的规则是，每次互动中，在感觉舒服的基础上把自己的脆弱再多展现一点，就像汽车换挡提速一样，我们称其为提高一个档位。这并不是说我们要在客户会议中吐露自己所有的期待和恐惧，而是在感觉放心的基础上再多分享一点点关于自己的事情。如果心中有少许部分想藏着掖着，那么就必须把这部分"心声"吐露出来。

提高一个档位的做法有很多形式，有时是承认一个弱点，有时是承认一个长处，通常是讲一个私人的故事，偶尔是讲一些成竹在胸的笑话。任何能展现真实自我的表达方式都可以。例如，在写本章内容的时候，塔妮亚狼吞虎咽地吃掉了整整一袋小胡萝卜、一块巧克力、一碟冷薯条，还吃光了她丈夫所有的饼干。敢于承认这一点，她并不感到骄傲，但现在你知道了（她丈夫也知道了）。

我们可以通过我们的所见所闻，甚至我们脸上表现出来的表情来提高一个档位。莉安娜发现，与那些掩盖了自己情绪的人相比，我们认为那些面部表情脆弱（即面部表情容易读懂）的人更可爱。我们越能读懂一个人，就会感觉跟他们更亲近[13]。

提高一个档位的做法可以用于个人层面，甚至可以用于组织层面，Zappos的做法就是一个例证。跟大多数企业的客服中心不同，Zappos跟消费者的沟通不是用文字而是用电话，电话代表会接听消费者的电话和他们联络。他们接电话很主动，沟通也很真诚，是真正有血有肉的人，也就是说，没有虚假的同情性言语（"女士，听您那样说我很难过"），也不会因为想讨顾客欢心而转移话题。Zappos在企业内部推广"有一点搞怪"的核心价值，鼓励员工通过提高一个档位的做法来展现自己的脆弱。他们有多种搞怪形式，如可以在办公室内投掷玩具手指火箭，气氛有一点点太严肃的时候一起吃一个"愤怒的小鸟"造型的蛋糕。根据Zappos文化传播者唐纳文·罗伯逊所说，鼓励员工展示那些让自己看起来古怪的事情，可以让他们感觉自己得到了他人的接纳，只有被接纳才会产生信任，而信任会培养忠诚、创造力并提高生产力。

关于通过提高档位来展现脆弱的做法，最大的一个好处是，它启发其他人也放低自己的警戒，更多地展现自身的脆弱，从而形成一个世界上最让人感到愉快的良性循环。尝试做这个练习的时候，一定要多加留意自己说话时想克制使用的词语和表达方式。

不要一开始就强迫自己把它们说出来，花一点时间多观察就行。一旦你熟悉了自己的刹车机制，把刹车稍微放松一点，把自己的脆弱提高一个档位，让自己接受所发生的令人惊讶之事。

请求帮助

音乐家阿曼达·帕尔默希望通过公众集资网站Kickstarter[①]筹资10万美元出一个新专辑，而不借助大唱片公司。出人意料的是，她竟然从自己的粉丝中筹到了120万美元。在她的职业生涯中，不管是要买什么样的沙发，去哪家餐馆就餐等，她都从自己的社交网络中寻求推荐。

在粉丝面前展现自己的脆弱，阿曼达可是付出了很大的努力。她在音乐完成之前就发出专辑，以便与听众一起完成音乐创作，她在博客上分享自己的期待和恐惧，甚至在音乐会表演中也精心安排了展现脆弱的惊人之举。有一次，她穿了一件完全用气球做的裙子并邀请粉丝上台扎这条裙子，直到最后自己赤身裸体站在粉丝面前。但在所有这些展现脆弱的行为中，最能起到改变作用的是她请求帮助的行为。

阿曼达一次又一次发现，虽然请求帮助总让自己感到脆弱（因为人们的拒绝总让我们感觉意外），但是引发人们帮助自己的正是脆弱本身，这几乎就像是人们快要摔倒时，我们会本能地去扶他

[①] Kickstarter，美国第一家也是全球第一家众筹平台，2009年成立于美国纽约，通过网络平台面对公众募集资金，让有创造力的人有机会获得所需要的资金。按规定筹资者只能返还实物奖励或者独一无二的经历给资助者。

们一样。提供帮助不仅是自然而然的，而且是非常愉快的。当我们帮助他人时，我们的大脑会产生一种叫作"助人快感"（"helper's high"）的独特模式的愉悦感[14]。

然而，我们很多人总是千方百计避免请求别人帮助（你知道自己是哪种类型的）。所以我们给你的任务是：尽量多请求帮助。我们知道你靠自己就能搞定一切，事实也如此，但是，寻求帮助不仅让你锻炼了自己展示脆弱的能力，同时还让你跟他人建立关系，让帮助你的人高兴不已，甚至还会让你的生活变得更轻松。

——速查表——

第四章

简短版本

把脆弱重塑为开放而非弱点。当我们展现脆弱的时候，就能更充分地体验生活，还能建立更密切的关系。冷静是成长的敌人，防卫是关系的敌人，距离是影响力的敌人。

工具

● **承认错误**：通过谈论自己犯的错误和弱点（不要含沙射影地责备其他人或其他事）主动和别人建立关系。

● **提高一个档位**：在感觉舒服的基础上把自己的脆弱再多展现一点点。

● **请求帮助**：寻找一些小方法，请求别人帮你一把。

锻炼你的惊讶肌肉

你参加了一个聚会，但里面的人你都不认识，大家都比较拘谨。在聚会结束之前，再尝试与参与聚会者接触一次。通过展示脆弱展现开放的姿态，想办法跟这些客人建立关系。

第五章
巧妙应对未知
Chaper Five

　　克里斯汀·鲍尔斯11岁的时候，父亲带她和弟弟去迪士尼世界。他们一路尖叫着玩了飞溅山项目[①]，拍了足够的家庭照片去制作了一个定格动画[②]，最后跳上回家的汽车时嘴巴上还抹着薄薄一层棉花糖。就在这个时候，父亲告诉他们："你们的妈妈得了亨丁顿舞蹈症。"

---

① 飞溅山（Splash Mountain），享受"木船"过山车的感觉，坐在原木小船里迂回前进于室内及室外流域，在航程尽头从5层楼高的瀑布呈90度垂直冲下。
① 定格动画，又名逐帧动画，制作方法是为主要对象拍摄一连串的相片，每张相片之间为拍摄对象作小量移动，最后把整辑相片快速连续播放，从而产生动画效果。

克里斯汀很久之前就怀疑妈妈是不是哪里不对，因为她总是笨手笨脚的。但在最近的两年里，妮科尔·鲍尔斯不仅老是手里掉东西，还常常绊倒摔倒，有一次把鼻子都碰断了。她走路的时候开始看起来跟喝醉酒一样。带孩子去看电影时，她总是不停地踢前一排的座位，让克里斯汀和弟弟感觉很丢脸。

亨丁顿舞蹈症是一种神经精神紊乱，它的症状是帕金森病症、阿尔茨海默病（又称脑退化症）、躁郁症和鲁格里克氏症（又称肌萎缩侧索硬化症，缩写为ALS）这四种病症状的结合。是的，这四种病都有。这种病的症状一般在35~45岁之间表现出来，具体的表现有认知退化、疲劳、运动神经失控和情绪变化无常等。在首次出现退化迹象之后的短短几年内，患者的生活就不能自理，并且病情的退化会非常快、非常可怕。刚得知母亲的病情诊断，克里斯汀又得知了一个更让人惊讶的消息：自己也有50%的可能性得同样的病。基因测试可以查出亨丁顿舞蹈症病人的孩子会不会遭遇同样的命运，但测试必须等到小孩满18周岁才能进行。

对克里斯汀来说，对未来一无所知的经历让她生活中的一切都发生了改变。在她决定做测试的那天到测试结果出来的那天之间，她所有能做的就是担心和等待。她的大脑被迫进入惊讶程序的寻找阶段，并且这个阶段一直持续了7年之久。

由于我们的世界比以前变化得更快，生活中日益充斥着对未知的紧张。为了解如何适应这种紧张和拥抱不可预测性，我们采访了克里斯汀。培养反弹力是第一步，接着是重塑自我的脆弱和主动展现脆弱，但是我们能不能巧妙地应对未知呢？外面有很多课程和机构致力于教授技能型知识，但是如何掌控不确定性和模糊性呢？我们怎样才能巧妙地接受并引导这些存在状态？我们认为，如果有人具备了这套独特的技能，那么这个人非克里斯汀莫属。

基因测试结果出来的那天，克里斯汀说："结果快出来之前的那一段时间，我紧张得差点呕吐或晕过去。"她的基因咨询师开门见山对她说："告诉你一个好消息，你的测试结果为阴性。"克里斯汀顿时感到解脱、喜悦和感激。那一天剩下的时间里，她四处奔走，告诉所有人她生命中最珍贵的三个字——"好消息"。但是到第二天，一种让她惊讶的新感觉产生了："突然觉得未来充满了无尽的可能性，"克里斯汀说，"我立刻惊讶了，天啊，这就是正常生活的感觉吗？"

这就是我们本章将讨论的问题。我们正常人对生活中无尽的未知是怎样的感觉？并且，我们该怎样养成巧妙应对未知的习惯，从而防止因不可预测性产生的焦虑折磨我们，或者阻止我们探索生命中让人惊讶的事情呢？克里斯汀的青春期都用在了琢磨两种可能的未来哪一种会成为现实，但阴性的诊断结果（没有患亨丁顿舞蹈症）意味着，未来不只是两种未知而是无穷的未知。它有无限的可能性又难以想象，充满了不确定性和模糊性，像一个巨大的问号等着让我们大吃一惊。尽管跟得知测试结果之前的克里斯汀相比，未来的这些特点对我们来说几乎从来都不显著，但是我们大多数人有权拥有它，而同时也得痛苦地面对它。

不确定性

我们处理不确定性跟处理惊讶的方式大致一样。在我们感到惊讶的时候，P300波会劫持我们的认知资源，而P300波在不确定性部门也挂有一职[1]。当我们不确定有什么事情会发生，P300就把我们绝大部分注意力积聚起来，这样一来，要是让人惊讶的事情发生了，相比于一般情况，我们已经做了更好的准备。跟惊讶反应一样，不确定性产生的紧张已进化到能让我们远离危险而接近机会的程度。

我们祖先处理不确定性的方式大概是这两种：逃避不确定性和接近确定性（跟他们的史前远亲一样，不断奋斗以寻求确定性）。逃避的反应一定是逃避到舒适区（远离黑暗的洞穴和奇怪的新浆果丛林），接近的反应就是探索未知（就是探索前面那些黑暗的洞穴和奇怪又难闻的浆果丛林）。

这两种进化的策略都会破坏消极惊讶事件。逃避的反应让我们远离了任何会让我们惊讶的事情，而接近的反应迫使我们用预测和控制环境的方式预防惊讶事件。现如今，附近的洞穴不会再有剑齿虎出没，我们吃超市里神秘的水果而中毒的可能性（我们希望）几乎没有，但是我们的身体却仍然尝试消除惊讶反应产生的可能性，问题在于这个本能已不再适应当今时代。

正是由于我们想逃避不确定性和预防消极惊讶事件，我们很多人选择了无聊、毫无动力但确定的东西（如没有前途的工作和社会关系），而没有选择令人满足但充满不确定性的选项（如追求自己的梦想）。在真正危险的情形中，面对不确定性选择逃避的反应仍然奏效，但在大多数情况下，什么都不做并不是明智的选择。与人建立关系、搞发明、取得成功以及获得成就感，这些事情都是发生在那些愿意冒险和愿意面对惊讶事件的人身上。

硬着头皮用接近的方式处理不确定性也不是更具适应性的选择。过快或未考虑充分就采取行动会导致犯危险的错误，或者只会导致做绝对糟糕的决定。接近的方式也会导致产生预测悖论（prediction paradox）。在消极的情景中（如不得不解雇一位员工），我们试图通过预测未来而重新获得确定性。换句话说，我们会反复考虑，这样做我们会产生焦虑。而当我们试图预测积极的事件（例如，预测自己会得到多少奖金），我们就招来了失望，也限制了我们本可以从事件中体验到的快乐（如果我们允许它让我们感到惊喜的话）[2]。如果你在开始度假的很久之前就浏览关于目的地的各种图片，那么等你真的到了那里，你会发现自己激不起热情。你成了预测悖论的受害者，或者，按我们习惯说的，你在谷歌搜索中把愉悦感给搜索没了。

我们逃避不确定性和接近确定性都是为了预防惊讶事件，从而保护自己，但最终却落得开枪打了自己的脚。我们怎样才能把枪口转个方向，以便巧妙地应对未知呢？

中间之道

电影制片人罗科·贝利克想解开快乐的秘密，于是他游览了14个国家，采访了好几百人，终于对人们永远梦寐以求而又难以捉摸的这种情绪有了更深的理解（你可以在纪录片《快乐》(*Happy*) 中观看他这段奇遇的最精彩部分）。罗科在这个过程中注意到了这样一件事：在某些文化里生活的人似乎比其他人要更快乐。那么最让人快乐的文化和其他文化的区别是什么？其中的部分原因是，他们有能力接受不确定性，单单这一种心态就能让他们拥抱不可预测性并对惊讶事件敞开心扉。

在一次让我们感觉非常愉快的采访中，罗科向我们讲述了他在纳米比亚和还处于采猎社会的布须曼人（San Bushmen，后文称桑人）一起的经历。他说："桑人坚守的信念是，如果你出门想打的是羚羊，但结果打到了豪猪，那也行。打猎能打到什么本来就是不由人的，是不可预测的。如果你试图控制太多，还想避免所有感到惊讶的可能性，你就会错过很多机会。打猎是桑人生存的核心，因此这种哲学观对他们的生存极为重要。"

桑人没有电，没有室内管道，也没有自来水，每年可能出现的干旱都会威胁他们的生存（更不要提蝎子和毒蛇了）。但是，如果你和桑人一起出去闲逛，你会发现，绝大部分的时间里，他们都在一起聊天、唱歌跳舞，欢声笑语不断。对桑人来说，快乐不取决于知道未来会带来什么。他们有些人甚至说快乐就是取决于不知道未来会带来什么，单纯享受未知的可能性就很快乐。

我们的现代世界已获得非常多的科学技术发展，对于这些生活在似乎因时间错位① 而出现在现代世界某种文化中的人来说，这

---

① 时间错位，如科幻小说中所描写，过去或将来的人或事都可能移到现在。

些发展可能好像挺奇怪。50年前，我们可能还会同意你的观点，但在今天，就跟对桑人而言一样，惊讶又再次成为我们生态体系中一个普通的特征。从这个角度看，我们跟采猎的祖先之间的共同点比和我们爷爷奶奶的共同点要多很多。

那么，桑人（以及和他们持相同哲学观的人）跟我们这些急需知识的普通人类有什么区别呢？我们认为，从他们的角度学到的最有价值的经验是，他们能够遵循中间之道。

中间之道介于我们想逃避不确定性和接近确定性之间，是惊讶跷板的一种完美平衡。它的意思是，接受惊讶事件会发生的事实，不要试图逃避它们或预测它们。接受惊讶事件从表面上看很简单，实则是智慧的一个核心，它本身也有价值。但如果你准备继续下一水平的学习，我们将给你展示更多能巧妙应对未知和遵循中间之道采取行动的工具。多年来，我们曾和世界上最具创新性的一些企业和个人合作，并且在很多情况下都和他们使用过这些工具。换句话说，即使你的计划不是要猎到羚羊，你也会发现以下工具都很实用，即把决策当作实验、情景规划和即兴表演。

把做决策当作一次实验

在有不确定性的情况下，做出伟大决策的个人和组织与传统决策者的思考方式是不同的。传统的决策是基于这样一个前提：你必须把自己锁在一间屋子里，面前摆上所有的事实（最好是用小字体打印的厚厚几叠纸），用整晚权衡各个选择，然后做出最终决策并认定不改。这种哲学建立在确定性是必然的这种信念之上。

现代决策者甚至不把做决策看成是做决策，他们把做决策当作做实验。传奇设计公司IDEO的高级设计研究员英格丽德·费特尔告诉我们："如果你感觉自己必须做一个决策，你就会产生收集所有相关信息的冲动。在过去，收集到一切信息也许不大可能，但在今天，你的搜索结果将是无穷无尽的。相关的信息太多了。所以，相反，你每次做一个小实验就必须集中注意力把事情弄清楚。"

当我们把自己的决策当成是实验，就要记住，不确定性是正常的，惊讶事件总会发生。从这个角度看，正确的决策这一说法就不存在，相反，最好的决策是经得起检验、能拉弯变形且能发生根本性变化的决策。要想自己做一些实验，等下一次需要做决策的时候，先想一个假设，然后检测这个假设，收集数据，最后确认或修改你的假设。你甚至都不需要穿实验室服装。

情景规划

未来1：破产　如果你辞职创业，可能6个月内就花完了所有积蓄，并且还被迫搬回家和妈妈住。

未来2：淘金　投资者可能立即就看到了你想法中的价值，并付给你几百万美元。

未来3：爬坡战　你也许能找到足够的客户得以付清最低还款额，但要花很多年发展业务才能赚到体面的薪资。

这三个版本的未来简单地展示了什么是情景规划，是根据中间之道发展而来的另一种决策模型。设计这个工具是为了帮助人们承受不确定性和随之而来的各种让人惊讶的事情。要把情景规划的方法应用到自己的工作或个人生活中，你需要根据已经掌握的信息为你的未来编造几个大为不同的故事。你应不应该辞职创业？该不该买车？该不该雇一个助理？找一组富于想象且各有特色的空想家，写下你们能预见的所有可能的未来。这样做不是要预测将会发生什么（尽管你可能祈祷实现未来2），而是去探索更加多样的可能性。

一旦你设计出了各种情景，接下来的目标就是想能符合这些任意一个可能性未来的决策。例如，如果辞职后等房租到期了都还没找到客户，你该怎么应对这样的情景？情景规划不仅能让你做好准备迎接各种结果，以防你只盯着单个版本的未来，还可以让你的大脑免予为结束寻找阶段而苦苦思索。

我们问克里斯汀·鲍尔斯，帮助她应对亨丁顿舞蹈症带来的不确定性的最好策略是什么，她给我们描述的就是情景规划，尽管她从来就没有听过这个术语。她告诉我们："我把未来分成了两种：一个是阳性诊断结果的未来，一个是阴性诊断结果的未来。如果我得了亨丁顿舞蹈症，我就会在开始上大学之前休息一年，游遍7个大洲；如果没得亨丁顿舞蹈症，我马上就去上大学，但我还会去旅游，不过南极洲可能会等很久才能去。"不管会发生什么，她都知道自己已经有了规划，这种准备工作能让大脑停止预测未来而尽情享受当下。

即兴表演

仅仅在纽约的人民即兴公社（the Peoples Improv Theater）又待

了一晚，但整个环境与典型的噩梦没有什么区别：你站在舞台上盯着观众，观众也盯着你。你完全不知道自己要合作的演员或自己下一句会说什么。很少有人能承受得住这种挑战。然而，即兴剧院却越来越受欢迎，或许是因为即兴舞台跟我们的日常生活有很大相似之处。

即兴表演是一种非常迷人的艺术形式，因为最好的即兴演员都是最能敞开胸怀接受惊讶事件的人。即兴演员的工作就是创造未知。观众和演员都想感受惊讶，演员表现得越惊讶，观众越欢喜。不论演员按任何剧本表演，观众的兴趣马上就会丧失。

那我们怎样才能在台下更好地即兴表演呢？我们采访了阿里·法拉纳吉安和戴恩·弗林去寻找答案。阿里在开办人民即兴公社之前是正直公民旅剧院的创始人之一，在芝加哥的"第二城"喜剧团里有过表演，为喜剧小品类综艺节目《周六夜现场》（*Saturday Night Live*）写过东西。戴恩·弗林和吉米·法伦是脱口秀节目《今夜秀》（*Tonight Show*）的主力，他也长期做即兴演员和即兴表演教练。

他们两人一致认为，即兴表演最重要的规则是聆听现场搭档而不是只想着自己。认真聆听，保持好奇心，接住话茬然后推动故事往前发展——即便你自己并不确定会把故事推向哪里。舞台之下同样适用这个建议。在出现不确定性的时候，把我们的注意力转到其他人身上，可以让我们的行动更敏捷并做出更好的选择，还可以让我们帮助他人看起来更有面子，继而可以在我们和他人之间建立信任和伙伴关系。

善于即兴表演也意味着不要执着于结果。"所有的痛苦都是因为太执着，"阿里说，"你不要执着于现场中事情将发展的方式，也不要执着于生活中事情发展的方式。"当即兴演员决定想让场景往哪儿发展时，表演马上就没有了活力。最能点燃观众兴奋感的演员相信，他们顺其自然而得到的结果会比自己设想要取得的结果更好，而这种心态正是他们为什么能取得更好结果的原因。要做好即兴表演，我们必须停格在我们所处的当下，而不是去追寻我们想要的瞬间。当我们放手对结果的执着，惊讶事件便转化为机会的信使，而不是成为完美计划的游行中出现的雨云情形。要在生活中更多地即兴表演，一定要留意那些看起来拘谨的互动或事先设想好了的互动。发现那些你明显执着于结果的时刻，或者，如果把即兴表演比作开车上路，去看一看自己什么时候会因为感觉方向不对而猛踩刹车。要允许改变方向并对自己将会到达哪里保持好奇心。最终，你会十分舒服地摇下窗户享受那未知的旅途。

做实验、情景规划和即兴表演都不是回避不确定性或接近确定性，这三者的做法是接受惊讶事件并随惊讶事件而动。但如果你遇到的问题不是不确定性而是未知的另外一种形式，该怎么办？不确定性是因为信息不够而产生的，而模糊性则是因为信息太多导致让人感觉模糊难辨，困惑不已。现在让我们来更深一步了解一下后者。

模糊性

盯着下面的图片好好看一会儿。它很模糊，很难确定它到底

是什么。至少能看出两种图像，但你看出来的第一种图像是唯一一个不用额外费劲就能看到的。有时候这种类型的图像被称为视错觉，虽然严格来说，它里面并没有什么花样把戏，只是两种不同的东西共存于一体而已。模糊性的挑战也存在于我们的思想中，与不确定性的情况一样，我们也形成了两种方式来应对模糊性：逃避和接近。逃避模糊性跟逃避不确定性的原理是一样的。当某些事情太复杂、太令人迷惑或跟我们的信念大为不同，我们就会选择置之不理。

另一种回应方式是接近确定性，这种方式更多以"下决心吧"或"下结论吧"而广为人知。我们常常太渴望对事物有所了解的那种感觉，以至于在自己的图式周围建起了心理堡垒防止图式发生转换，实际上我们这样也把惊讶反应拒之脑外了。这种反应是天生的，但也严重受到社会对其的进一步强化。

在大多数国家，建立学校就是为了教孩子"正确的"答案。如果你曾参加过有多项选择的考试，你一定知道，手一抖在正确的答案之外多选一个会有什么严重的后果。在这个世界里，只有A、B、C、D，可能还有E，而在它们之间绝对不会再有其他什么。在世界范围的学校里，学习就是背诵信息的同义词。在这样的模式中，没有所谓的介于两者之间的灰色区域，甚至连部分得分都没有。我们总是带着好的初衷，不断地加强对事物的了解，增强对事物判断的确定性，以至于当事情处于模糊难辨的时候，却觉得它犹如在我们生活的成绩单上画了一个巨大的"F"（不及格）一样！我们能巧妙地应对已知情境，但面对未知的情境，我们却全然不知如何应对。这样的做法也许适合节奏缓慢、工厂主导型的社会，但不再适应当今快节奏、思想驱动型的社会。

再想一下大多数文化是如何对待犹豫不决的人，或者往更坏里说，他们是如何对待优柔寡断的人。随便快速翻阅一下同义词词典就会发现，我们有太多的词汇都是用来描述轻易改变想法的人，没有一个是积极的意思。这些词有：易变的、摇摆的、反复无常的、不一致的、优柔寡断的、迟疑不决的、犹豫的、无常的、朝三暮四的、多变的、轻率的、不稳定的、不定的、飘忽不定的、背信弃义的、两边倒的、不干脆的、欺骗的，甚至还有左右摇摆的。

现在来看一下反义词列表：确定的、平稳的、稳定的、可信赖的、一致的、不变的、坚定的、忠实的、不动摇的、不屈的、坚决的、可靠的、值得信任的、忠诚的、可信任的、稳固如磐石等。这个列表让人想到一棵高大的橡树，它枝繁叶茂，沐浴在阳光里。上一个列表让我们会想到一个无脊椎的生物，急匆匆地往人行道上潮湿的洞里钻。"不动摇"这个词听起来荣誉之感油然而生，"两边倒"这个词听起来则感觉人的意志很薄弱。这不只是它们如何收入字典的问题；语言学家会告诉你，我们说的话实际上会反映我们的价值观。

追求对事情的了解有根深蒂固的价值，没有哪个领域能比在政治领域里最显而易见。选民和报纸要求候选人要思想开明，在做决策的时候要多方面考虑。在现实中，如果政治家改变主意（表明他们的图式发生了转换），他们就会面临断送政治生涯的风险。2004年美国总统大选期间，约翰·克里在这方面可是得到了血的教训。由于他在伊朗和阿富汗战争捐资的问题改变了立场，人们给他起了一个绰号叫"两边倒的克里"（Flip-Flop Kerry），并且分析家怀疑正是这一行为让他与总统宝座失之交臂。时至今日，你可能还可以买到一双约翰·克里牌的人字拖鞋（John Kerry flip-flop sandals）。

我们总是拼命想改变他人的想法，然后在那里纳闷为什么从来没有成功。我们不仅有非常死板的图式以及与之相连的社会规范，我们还会遭遇逆反效应，即你越试图改变别人的想法，他们越会坚定地守护自己的信念[3]。受到威胁的图式就像受惊吓的刺猬，它们会蜷缩成周身全是尖刺的小球保护自己免受害于捕食者（即可能导致他们转换试图的惊讶事件）。不过，我们其中有一些人应对模糊性的方式各有不同。

你是否具备认知弹力

"柏林智慧项目"的研究员曾在全市寻找最智慧的公民[4]。他们向社区推荐的人询问了一系列问题，其中一个问题是这样的："一个15岁的女孩向你寻求意见，说她想辍学，然后和男朋友结婚生子。你会跟她怎么说？"

实验里对照组中的某些人（普通人）很果断，很热情。他们的答案通常都是"你开什么玩笑？绝对不能15岁就结婚！（即使是在德国)"，而智慧的人则有不同的表现。他们会思考一番，甚至思考之后都通常选择不做任何回应，他们解释说，不想还没了解整个故事就匆忙下结论。他们接受了模糊性带来的压力而选择不做草率的回应。这些人懂得在不了解情况时如何巧妙应对。

这种态度直接源于中间之道，既不是逃避也不是寻求确定性。心理学家把能够暂不做判断，并在内心持互相对立意见的能力称为模糊性容忍力，我们习惯称其为认知弹力，亦即允许我们的图式不断转换并拉伸。具有认知弹力的人易于接受让人惊讶的事情，因为他们能好几天、几个月甚至一生都保持着怀疑的状态。他们能让自己的观点适应新信息，而同时又留有足够的浮动空间以备再次修正。

金融分析公司Discern Analytics预测部门负责人保罗·萨弗对此的观点是，出现模糊性的时候，最好的做法是"观点犀利，不争高低"[5]。我们很喜欢这句话，因为它表明有认知弹力并非一定意味着人云亦云，什么都不信（尽管苏格拉底似乎很容易就能做到这点）。对我们大多数人来说，它的意思就是允许我们在感到惊讶时转换图式，换句话说，就是允许我们的信念发生改变。

模糊性容忍力与积极的冒险精神和生活满意度相关联[6]。我们当中有一些人在生活中很自然就会保持弹力，但我们实际上可以具备更大的弹力。在这里，我们想给你展示我们最喜欢的两个工具，帮你开发更大的弹力（进而更易于接受让人惊讶的事情）：挖掘尴尬事件另一面的财富、投入反向思考。

挖掘尴尬事件另一面的财富

尽管某些会导致我们产生接近和逃避反应的模糊性情境，真的能给我们带来危险的后果，但大多数情境仅仅只是让我们感觉尴尬而已。我们不确定该做什么或怎样做的时候会感觉尴尬（"再问一下，哪个是色拉餐叉啊？"），而最令人痛苦的模糊性情境是有其他参与者在场的那种。

鉴于我们现在的世界更复杂，文化也更具多样性，我们感到尴尬的机会甚至会更多。要想适应模糊性并培养认知弹力，你要经常学着挖掘尴尬事件另一面的财富。不要逃避尴尬时刻，开始收集它们（我们保证，对尴尬时刻的收集过程甚至可以胜过最难忘的邮票收集）。发现尴尬背后深藏的价值，然后直捣尴尬情境的中心地带。要知道，事情在变好之前往往是先变坏的，但最终的结果是值得的。

要更频繁地挖掘到尴尬事件另一面的财富，那就去寻求让你感到不舒服的情境。从较小的尴尬任务开始，如在电梯里和陌生人聊天，或者不看说明把一件家具组装起来。观察其中以下三个时刻你自己的感受：在你正要开始的时候，最尴尬的时候，你找到了财富（形成亲密关系、感到骄傲、学到东西等）的时候。尴尬的感觉就是身体在告诉你，你正在学习和改变。记得提醒自己，如果你逃离尴尬时刻，就不会成长。好的消息是，你经历的尴尬时刻越多，未来的尴尬经历就会越简单。并且如果不出意外，你将来顺便收集到的尴尬故事一定会非常精彩。

投入反向思考

如果你决定通过与陌生人交谈开发自己的认知弹力，我们推荐寻找跟自己尽量有差别的陌生人。在与那些在枪支管控和宗教等重大主题方面改变想法者的交谈中，我们发现，接触到对立观点的经历会对他们的思维产生影响，但只要对立的观点不是以辩论形式提出的就好。还记得逆反效应吗？有人迫使我们改变主意时，也只有极少数人会改变。迫使改变通常只会促使我们保护自己的图式，结果就是我们一点都不会发生改变。

针对同性婚姻主流观点的调查发现，在那些改变想法而支持同性婚姻的人中，有三分之一是因为曾经遇到过同性恋[7]。种族歧视、民族歧视、性别歧视、年龄歧视和宗教歧视等也有同样的遭遇。当我们远离对立的观点，就会产生一种称为外团体同质性偏见，认为和我们同一群体的每个人（即那些和我们有共同信念和特征的人）都是独一无二的，但是"他们"或"其他人"都是同一类别的人。为什么会有这种偏见呢？这是因为我们的大脑会选择简化信息，这样信息便更容易吸收。信息简化让人感觉很舒服，让生活不再那么困惑，但它也阻止了我们成长、改变以及和其他与我们有不同规范的人建立关系。当我们把"自己"和"他们"融合在一起，就会遭遇模糊性非常大的情境，但与此同时我们也增强了认知弹力，而弹力会让我们更好地适应令人惊讶的新信息。

如果你不太容易亲身见各种不同的人，那就利用互联网、书籍和报纸。把培养弹力当作一个实验，选一个你感觉确定的观点，然后至少花一周去研究对立的观点。不要去看这个观点跟自己的观点为何不同，投入这样的反向思考中即可：把自己的世界观跟对立世界观之间相似的细微方面都找出来。你会赞同它们的哪些方面？

如果所有这一切都失败了，那就来想一下社会规范是如何随时间改变的。在美国过去的仅仅50年时间里，我们已经改变了对种族隔离、同性恋权利、职场女性、动物权利以及循环利用的观点。未来50年之后，当人们再回头看我们的时候，我们的哪些"明显正确"的观念在他们那时看起来会跟"隔离但平等"①（"separate but equal"）在我们如今看起来一样不可思议？

如果你首次尝试有意识地巧妙应对未知的情境，但没有取得想要的结果，要坚持下去。你现在正在阅读这本书的事实就表明，你已经比那些普通人更能轻松地接受未知。你已经走过了很长一段路，而且这段路对我们所有人来说（甚至对那些真正智慧的人来说）都非常具有挑战性。我们已经把整个人生都用来学习如何应对未知，然而对社会而言，谈及如何巧妙应对未知，我们还只是处在幼儿学步阶段。

---

① 隔离但平等，种族隔离政策的一种表现形式，试图通过为不同种族提供表面平等的设施或待遇，从而使实施空间隔离的做法合法化。美国南北战争之后奴隶制被废除，但各州以"非裔美国人"和"欧裔美国人"之名将黑人和白人从空间上分割开来，避免产生接触。

第五章

简短版本

我们在不能预测即将发生什么的时候，会感受到不确定性的存在，在选择太多的时候则会被模糊性所笼罩。我们的大脑会本能地消除这两种形式的未知，要么逃避它们，要么急匆匆想得到一丝丝的确定感。这两种方法都不再能适应当今的世界。我们可以更加巧妙娴熟地应对未知的情境，而不是跟随自己的直觉，如按中间之道采取行动，培养自己的认知弹力。

工具

● **把做决策当作一次实验**：做最终决策会让人感觉无所适从。相反，把你的决策当作实验，重复做实验直到出现满意的结果。

● **情景规划**：给未来设计几个可能的不同版本，做一个足够灵活的计划，适合任意版本。

● **即兴表演**：把注意力集中在他人身上而非自己身上，不要过于执着于结果。

● **挖掘尴尬事件另一面的财富**：跟收集邮票一样收集尴尬时刻。提醒自己，只有艰辛地经历尴尬时刻才能跟他人建立关系，才能收获成就感，才能得到成长。

● **投入反向思考**：选择与自己观点大为不同的观点，找到实际上它们与你相信的观点之间相似的所有方面。

锻炼你的惊讶肌肉

你在做一个不熟悉领域的项目。你感觉局促不安，更糟的是，公司里有人对此项目表现得很兴奋，而其他人说项目注定会失败。你发现自己夜里失眠了。你该怎样做才能接受这种不可预测性？

SURPRISE!

Embrace the Unpredictable and
Engineer the Unexpected

PART THREE ENGINEER THE UNEXPECTED

第三部分

策划让人意想不到的事

我懂得了，人生不应该像棒球捕手双手上戴着的手套那样，
只获取与接受是不够的，还要能够把东西扔回去，要主动付出。

——玛雅·安吉洛

至此，你对于惊讶反应如何让我们陷入自己的舒适区，怎样让我们匆忙地投入确定性的怀抱中有了更深的理解。你也学到了拥抱不可预测性的工具，能够把不可预测性从敌人变为盟友。你正在培养越来越强的反弹力，对脆弱有了新看法，处理不确定性和模糊性有了更厉害的技巧。我们希望你也能多了解周围人的感受和行为，这样你还能帮助他们拥抱不可预测性。拥抱惊讶事件可以让我们成为探险家，而我们现在的生活中有如此多的惊讶事件可供我们探索。

　　但是主动让惊讶"走进来"是不够的，我们还需要让惊讶"走出去"。我们每个人都有能力，可能甚至有责任让这个世界感到惊讶。我们有无限的能力应对出乎意料的事情。如果人的一生要像带着使用手册一样按部就班地过着，那可是要多丢脸就有多丢脸。

　　本书这部分自始至终都是对生活的颂歌。它写的是如何策划出人意料的事件，而非仅仅接受它们。在你拿到这本书的时候，我们就知道你懂得接受让人意想不到的事，你或许已经在采取行动让身边的人惊讶。我们的目标是帮你更擅长做这件事。让人感觉意外的方式有无穷多，你可以在你的礼物、故事、赞美、发明、事件、演说、产品、课堂、服务、一日三餐、着装以及对话中编织更多惊讶元素。惊讶事件的强度不重要，即使是最小的惊讶事件也可以产生巨大的影响。实际上，最小的惊讶事件往往更重要。通过制造出乎意料的事情，你可以：

- 把不愉快的任务变成有趣的活动；
- 让聚会更加难忘；

- 把闲聊变成冒险；

- 让人们笑口更常开；

- 把故事讲得更引人入胜；

- 让生活充满新想法。

简而言之，通过制造出乎意料的事情,你将把平凡变成非凡。制造惊讶事件对你来说可能已经是很自然的事了，但请你把本书的这部分当成制造惊讶事件的高阶课堂吧。我们想给你介绍巧妙的惊讶事件这一概念，从而增强你制造惊讶事件的原始能力。大多数人策划惊讶事件的时候，只是把惊讶事件当作一件很钝的工具在使用，而在这里，你将发现如何把它当解剖刀一样使用的方法。成为制造惊讶事件的工程师，有点像《黑客帝国》（*The Matrix*）里的尼奥因为时间似乎变慢而突然可以躲闪子弹的场景。等你对一些事情有了非常深刻的了解（嗯，在一定程度上是这样的），那样的事情也会在你身上发生。为了不让你挣扎着同时应付无限的可能性，我们会将你全副武装，然后有策略性地创造惊讶事件。将来你不仅能让他人的生活充满欢乐，还可以从观看他们的反应中获得喜悦和感到惊讶。

那么你应该在何时使用这些工具呢？让我们先回想一下惊讶程序。你让人们停下来、沉浸在当下时刻、激起好奇心、转换视角并与其他人分享自己的经历，什么时机最佳？哪些普通和想当然的东西、事件以及互动，是你可以往里面融入惊讶元素，进而让它们为人们所铭记的？你发现哪些地方的人们期待比较低或者没有期待？哪些个人、团体、地点还有常规事务可以因为某些模式的打破或情绪的强化而受益？你可以把生活中哪些平凡的方面变成非凡？

让世界感到惊讶是不是你的职责？绝对是。没有你，事情只会该怎样发展就怎样发展。没有你，人们睡觉的时候不会记得当天发生的任何事（因为没有特别有趣的事情发生）。他们就那样长大，忘了惊讶是什么感觉。时光年复一年地流逝，而他们什么新东西都没有学会。而最糟糕的是，他们会忘记有人在深深关怀着他们，忘记有人相信他们值得给予特别的关注——他们对有些人来说非常重要，值得让他们惊讶。

本书这部分，我们将先探讨如何更具创造性，从而想出制造惊讶事件的新想法，随后讨论怎样运用注意力让惊讶事件产生最大的影响。然后，你就准备好了学习两种制造惊讶事件的高级技巧，将你制造的惊讶事件提升一个水平。这两种技巧分别是：制造愉悦感和制造体验。最精彩的是，没有人知道这个培训会把你带到哪里去，甚至你自己也不知道。

第六章
提升创造力
Chaper Six

　　纽约市，一个寒冷的星期四，下午6:50。天气非常冷，每个人都在沉默地四处走动，因为张嘴就会吸进一口凛冽的寒风。我们走进创意产品社会化电商Quirky总部现代化外观的电梯，心里些许料想着巨大的办公室（翻新后的储藏库）可能空寂无人。这个总部离市中心太远了，火车都不从此经过。寻找一个温暖舒适的公寓这种诱惑几乎无法抗拒。但当电梯门打开时，我们发现那里的室内空间都占满了，只有两个空位（在一个圆柱正后方），所以我们就抢过去坐了下来。

　　正好7点的时候，Quirky公司的创始人本·考夫曼开启了表演。我们正在观看的，还不如说是正在参与的，是一个名为Eval的每周例行活动，免费向公众开放。有抱负的创新者在网站上提交自己的发明创意（每周有4000多个），然后超过60万的用户投票选出最好的几个，最后大约有12个创意组成一场Eval活动。在这个活动中，公众再投票选出最受欢迎的。一旦某个创意被选中，Quirky公司的工程师就把它做出来并投入市场。

Eval活动的节奏很快，场面很活跃，每个人观看的时候都在喝着啤酒。各种创意在屏幕上闪过，观众时而小声讨论，时而爆发出笑声，时而喝彩，时而起哄。如果某个创意尤其让人感觉兴奋，我们一个个都会面露"痴呆"表情，惊讶得陷入一片沉默之中。我们看到，电脑屏幕会随着视觉移动而转动，孩子哭了，会有一个人造的手来安慰他，可以用太阳能充电器给电池充电，宠物喂食器可以用智能手机操控，还有可以自行充气的城堡。除了这些发明本身，还有两个特别吸引人的问题也打动了我们：

为什么Quirky公司如此受欢迎？

人们是怎么提出这些有创造性且让人惊讶的想法的？

创造就是制造出新东西或找到看待旧东西的新方式。如果要制造出乎意料的事情，你就得提升创造力。实际上，正如我们将在本章所讨论的一样，创造力对我们所有人来说都至关重要，我们将会谈到创造力在我们世界中越来越大的重要性。随后，我们将在本章的剩余部分讲述，我们需要怎样做以赶上Quirky公司贡献者的步伐以及怎样获得出人意料的新想法。

创造性成为主流

不久前，创造力是那群做了不同寻常发型者的专属，你能在有创造力的人跟专家之间发现清晰明显的界限。实际上只有很少古怪的家伙通过提供创意而赚钱，而多数人做的只是"务实的"工作。如今，时过境迁，创造性已然成为主流。我们在诸如Quirky公司、网络商店平台Etsy、Youtube视频网站和众筹平台Kickstarter等网站上看到了令人惊讶的新创造在井喷般激增，并且甚至最务实性的职业今天也不得不具备创造性。怎么会这样呢？

跟我们在第二章所讨论的一样，我们的交流速度正在以指数级的速度增快，如果你因为发完邮件等了8个小时还没有收到回应而恼怒，想象一下飞鸽传书的年代，等待是什么滋味。更快的交流沟通意味着更快的创造和更快的思想传播。与此同时，制造任何东西（从网站到实物）的成本在直线下降。常规的工作外包给了计算机，我们得以从中解放出来去做更有创造性的思考。创造性的障碍在不断减少，创造性的竞争在一步步升温。正如《IESE商学院最受欢迎的创新课》[①]一书的作者托马斯·韦德尔-韦德尔斯伯格对我们所讲的："突然之间，我们就和其他200个车库里的200个小伙子竞争上了。"

[①] 帕迪·米勒，托马斯·韦德尔-韦德尔斯伯格.《IESE商学院最受欢迎的创新课》[M].魏群，译. 北京：中信出版社. 2013. 原书英文全名为*Innovation as usual: how to help your people bring great ideas to life*。

即使我们不想创造出新东西，我们也别无选择，只能提升创造力。我们必须制造惊讶事件以适应身边总是不断突然让我们感到惊讶的环境。创造不仅仅是生产出小玩意儿的问题，它还可以帮我们应对技术、科学、政府甚至我们个人生活中出现的意外干扰。从这个意义来看，创造力不是现代生活的福利，反倒是一个核心的要求。这成就了能让我们作为真正的个体在人生中感到极大兴奋的时刻。我们不仅要接受世界给我们的惊讶，而且我们也要用惊讶回报世界。

培养创造力的工具

在本章，我们将向你介绍4个工具，帮你找到把平凡变成非凡的灵感（不管你想要出人意料的想法还是礼物），它们分别是：产生好奇心、在迷雾中生活、练习想法混合术以及反复尝试。在你学习每个工具的时候，把它们应用到具体的情境中（"我该怎样让女朋友惊喜？"），并广泛用到生活里（"我还可以在其他什么地方通过制造出乎意料的事情来创造活力？"）。

产生好奇心

制造出乎意料事情的机会其实就在我们眼前，无聊地旋弄着自己的拇指等着我们发现。创造力的核心就是转换我们的视角以发现这些机会。但是这说起来容易做起来难。让我们来看一下托马斯·韦德尔−韦德尔斯伯格与我们分享的关于行李箱领域的创新。

很长时间以来，行李箱的外型都是一个巨大的矩形上加一个提手。直到1970年才有人想到在上面装上轮子。第一个可滚动的行李箱是在原有基础上改进的，但它们很难操控，并且很容易翻倒。它们跟旧式行李箱完全一样，仅仅是多了4个轮子，提手周围多加了一个皮带而已。整整17年过后，一个设计师才意识到可以把行李箱转一个边竖起来，然后在上面装一个可伸缩式提手，这样以来消除了几十亿人对行李箱的不满和使用时产生的背痛。现在回过头看，这个想法似乎显而易见，但是人们大脑中极为死板的图式让人看不到创新性的行李箱替代品。其他还有哪些制造出乎意料的"显然易见"的机会是我们没有看到的？我们的谈话、产品、服务、事件以及晚餐怎样可以变得更加让人惊讶？

我们最喜欢的用于发现惊讶机会的创造力工具就是产生好奇心，我们把它当成是对惊讶程序的入侵。惊讶引发好奇，好奇也会引发惊讶。与其等待僵滞阶段产生，我们还不如训练自己直接从寻找阶段开始。要产生好奇心，那就把"好奇"想成你要去的一个地方，不要把它当作你会产生的一种感觉。不论你什么时候感到遭遇困难卡住了、受挫了或丧失了灵感，想象自己踏进了一个电梯，电梯将把你带到好奇层。叮！电梯门打开，突然间一切都变得非常吸引人。

要想快速产生好奇心，来玩一玩"20个问题"的游戏，我们在纽约生活实验室就和学员们一起做了这个游戏。随便找一个熟悉的物体，如一支铅笔，然后围绕这支铅笔提出20个问题。这只铅笔为什么是这个颜色？它是谁做的？用什么样的树木做的？重量有多少？我可以用它来捅谁一下？我还可以用它做什么？在纽约生活实验室的创造力课堂上，我们发现人们通常在第九个问题左右的时候会卡壳。继续尝试，他们的好奇心就会产生，真正有趣的问题才会浮出水面（专业小建议：最好的问题通常都是以"为什么"开头）。你可以选择任何一种物体玩这个游戏，也可以用你需要从其身上寻找创意的物体玩这个游戏。如果没有马上出现什么想法，不要灰心。一旦你产生了好奇心，你身体的某一部分会保持那个状态，直到你找到一个结论。你也许甚至会非常惊讶地发现，第二天早上醒来的时候，一个完全成形的想法已经冒出来了，这是因为大脑中负责好奇心的那部分在你睡觉的时候仍在继续工作。如果你还是没有什么想法，别急，请继续往下读。

在迷雾中不断探索

斯宾塞·西尔弗本来试图发明一种超强黏着剂，结果却造出了我们现在都知道的便利贴。他是意外得到了刚好相反的结果。他没有把造出这种弱黏性的胶当成一个错误，而是对它产生了好奇并追问："这东西是什么？""怎样才能让它有用？"当任何人都想不出斯宾塞的这种弱黏性胶能做什么用的时候，斯宾塞并没有止步不前，接下来的5年里他一直对这种胶保持着好奇。

斯宾塞跟每个愿意听他讲的人谈论自己的这个古怪发明。最后，他无意中碰到了自己的同事亚特·傅莱，亚特建议说，这种胶可以把便笺固定在书页上而不会把页面弄坏。这个创意就这样形成了，并且最终带来了巨大财富，产生这样的结果完全是因为斯宾塞从没有停止苦苦思索。我们习惯把这种创造力工具称为在迷雾中不断探索，这个术语是我们从设计公司IDEO那里学来的。"迷雾"就是IDEO人度过大部分时间的地方。

唐纳德·O. 赫布是神经心理学的创始人之一，他是第一个思考迷雾里发生什么事情的科学家 。他指出，恍然大悟——我们和创造力联系在一起的非常愉快的"顿悟时刻"——只是创造力活动之冰山可见的一角。大脑首先整理信息（不断从世界中提取越来越多的信息），只有到这个时候，它才会开始重新整理信息的创造性工作。首先是寻找阶段，然后是转换阶段。我们赞美砸在牛顿头上的苹果激发了牛顿想到万有引力，但我们通常忽略了一个事实，牛顿可不仅仅是偶然坐在树下的小伙子。他是个科学家和数学家，多少年来一直都在思考世界运行的方式。他所有的时间都生活在迷雾中，而那个苹果只是起到了拨开迷雾的作用。

或许你还记得，在第五章中，我们讲应对未知的迷雾一般是要么逃避要么冲过去。但最具创造性的人会生活在迷雾中。跟柏林的智慧市民一样，找不到答案的时候，他们干脆保持好奇并在那里等待。他们拉长了惊讶程序的寻找阶段，想在迷雾中待多久就待多久。创造性的想法会在迷雾的另一端迎接他们。

要使用这个工具，你只需把沮丧和迷惑重塑为迷雾，并承认有那种感觉是正常的。或者，你可以往前走一步，在迷雾里面有意地玩耍一番。开始的时候先问一个开放式的问题，比如"我的下一篇博客该写什么？"或"我该怎样发展我的生意？"不要去寻找答案，遵循中间之道给自己一点仔细思考的时间，我们建议搁置一个星期或更长的时间，在时间截止之前不要下任何结论。

处在迷雾中的时候，在一个可靠的地方把自己的想法和观察都收集起来。把剪报、字词、衣物、图片或其他对你有一点点激发作用的任何东西都收集起来，不要问为什么这个特别的东西会吸引你的注意力，把它加入收集品中就行。每天都问那个问题，但不要寻找答案。每隔几天回顾一下你的收集品，不要寻找他们之中存在的模式。最重要的是，不要只坐在那里。要记住，斯宾塞并不是独自坐在办公室然后突然顿悟发明了便利贴。5年的时间里，他可是一直不断走出去和不同的人谈论自己的事情，而这一点则把我们引到下一个工具上……

练习想法混合术

日本铁路系统的工程师曾遇到过一个大难题。他们设计了世界上速度最快之一的火车，但当时的火车有一个巨大的缺陷，每次火车在穿过隧道时都会发出震耳欲聋的隆隆巨响。他们必须让火车的噪声减小一些。但要怎么做呢？极其凑巧的是，该项目的总工程师中津英治刚好喜欢观察鸟类。他在努力克服火车噪声大的问题时，看到了翠鸟（鱼狗）捕鱼的现象，翠鸟直接从空中俯冲潜入水面下几乎从不激起任何涟漪。而不同于产生巨大噪声的火车，翠鸟全身线条流畅，捕鱼时不产生一点响声。多亏了这个大自然的暗示，中津英治把火车头改成了翠鸟鸟喙的样子。结果呢？火车发出的噪声非常非常小，速度比之前提升了10%，并且用电量也减少了15%。

这只是让人惊讶的混合术激发创造力的例子之一。出乎意料的组合，或者按我们习惯所说的，练习想法混合术，就是大多数新想法产生的方式。要练习想法混合术，你可以参观一个新地方，读一本你认为会讨厌的书，或者找一个跟你观点截然不同的人聊天。甚至到外面走一圈（那里有新的感知和经历等着你），你的创造力产出都会提升60%。

　　为帮助在网络中实现把事物混合起来的做法，计算机科学家史蒂夫·纳尔逊建立了一个名为BananaSlug（香蕉鼻涕虫）的搜索引擎，可以在你的问题中插入一个随意的东西，搜索到的结果是你按照完美清晰的逻辑永远搜不到的结果。例如，如果你输入"woodchuck"（土拨鼠）这个词条，BananaSlug可能给它配上一种情绪、一种颜色或者莎士比亚的一个主题。史蒂夫把这称为"偶然发现式网上冲浪"。冲浪的结果几乎总是让人惊讶（并且有时候比谷歌都更有帮助）。史蒂夫告诉我们："要想出创意，就必须置身于惊讶事件之中并打破系统原来的平衡。"

　　想法混合术解释了为什么我们大多数人最好的想法是在洗澡时或逛杂货店半途中，而不是在工作中产生的。如果我们一直按相同的方式思考同一件事情，我们的思想就会抗拒惊讶反应，这时我们就需要不同的东西让我们的图式变灵活从而触发灵感。我们在同一条路线上思考的时间越长，就越是迫切需要一剂惊讶良药（让大脑产生惊讶反应也会越让人感觉不舒服）。最具创造力的人都是想方设法去实践想法混合的做法，而不是等着偶遇让人惊讶的事情。

为了让皮克斯动画工作室的员工定期练习想法混合术，皮克斯的联合创始人史蒂夫·乔布斯让建筑师在设计办公室的时候要实现冲突最大化的效果 。其中一个想法就是，把所有的厕所都建在大楼正中间，这样就迫使每个人走出所在部门后能在大楼中碰面。Quirky公司给所有员工做了每季度一次的休假计划，让他们带薪休假，并且绝对不工作，这样他们就可以到外面闯荡，想做什么事就做什么事。惊讶产业公司通过邀请人们开始不同寻常的新经历，从而促使人们学会想法混合术。在纽约生活实验室，我们通过让学员们在实验室里定期接触新观念和新技能，从而帮助他们激发灵感。

练习想法混合术也可以非常简单，如随机订阅一些杂志（从《摩托车世界》（*Cycle World*）到《爱猫新知》（*Cat Fancy*）等都行），参与一些竞争性事件（从"为生命游行"反堕胎活动到"生育权静思"活动等），每个月指定一天去寻找新体验，或者在外面度过练习时间（那里会有让你惊讶的事物，如鲜花、树叶和苹果有可能落到你头上）。你可以在一筹莫展和需要用新视角看问题的时候，把想法混合术当一个工具使用，以渡过难关，或者也可以用它开发一整套充满惊讶的生活方式。

然而，即使是在斯宾塞和亚特共同创造便利贴的时候，他们当时的想法也不是很完整，首次发行的商业产品并没有取得成功。他们最终成功的秘密（也是便利贴延续至今且依然好用的原因）是反复尝试。便利贴背后的3M公司曾尝试了多种不同方式推销产品，直到他们突然想到"便利贴"（"Post-it"）这个吸引眼球的名字，然后开始分发样品，这才算找到了正确的推销方式。有时候创造性就是灵光乍现，但更多时候它是一个不断改进的过程。

反复尝试

三个年轻人蹲在地上，在锯一块比他们三个人身高总和还长的厚木板。已经锯了4个小时，最初的热情已经被一点点地消磨完，渐渐成了沮丧。他们脸上流着汗，膝盖上沾满了碎片和锯末，也不再开玩笑和讲故事。但是等眼看快要结束时，他们锯得越发快了，热情满血回归。"终于完了！"其中一个人大喊一声，举起护目镜以示胜利，几个人跳起了像胜利舞蹈一样的动作庆祝了一下。然后他们抬起木梁拽向正在做的建造物，结果他们都僵住了。"不可能吧，"一个年轻人轻声抱怨说，"竟然不合适。"

他们的导师，一位建筑师，抱着胳膊站在旁边幸灾乐祸地笑着。他知道，孩子们将遭受的失望、生气和灰心掺杂在一起的感受并不轻松，但他也知道，这或许刚好是他们生活中最好的学习经历之一。他们在这里并不是真的学习建筑、木工活或建模，而是在一个训练学生如何进行创造性思考的学校NuVu工作室学习一门课，刚才学的那堂课正是反复尝试的重要性。

三个男孩的行为和我们接受的教育完全一样：做计划，执行，希望获得最好的结果。而跟真实世界里发生的恰巧一致，他们发现自己的计划不符合事实。三个男孩并没有事先做试验以及不断修正自己的想法，从而让自己多次感到轻微地惊讶，他们抓起锯就开始工作，结果最后却得到了一个不愉快的、大为惊讶的结局。

反复尝试不仅仅在建筑方面有价值。NuVu工作室的共同创始人兼首席创意官萨巴·戈尔向我们解释："反复尝试就是快速探索，在早期就发现错误，这就是为什么小公司竞争性如此大的原因。他们提出很多问题，快速测试自己的想法，然后做出改变，一点都不浪费时间或资源。"

制造让人意想不到的事情很激动人心但也让人望而生畏。人们会有怎样的回应？想法会不会有效？不尝试的话就不知道这些问题的答案。你可以把自己的想法变成现实，进一步优化，看看效果怎样，然后再优化，如此循环重复。在此期间一定要记得，大多数的创造都需要无限次数的反复尝试，举个恰当的例子：谷歌可没有什么最终版本。

记住惊讶跷板效应

关于提升创造力的最后一个建议：记住惊讶跷板效应。太多的可预测性让我们感觉无聊，因此，当那些可预测的想法从我们眼前溜过时，我们往往发现不了。但是，太多的惊讶又会让我们感觉不舒服，同样会分散我们的注意力。正如许多受挫的艺术家、思想家和发明家都知道的：他们的某些想法太与众不同了。

回想一下惊讶程序的转换阶段。要转变我们的图式很艰难，当某件事情跟我们的预期大为不同，我们通常会忽略它。好莱坞电影做得好的原因就在于他们遵循大众熟悉的套路，但也会在其中增添一些小的惊讶元素和转折式的结局。就跟托马斯·韦德尔-韦德尔斯伯格告诉我们的一样："增添了太多的惊讶元素，你的好莱坞大片会变异成小众化的艺术电影。"①

从好的方面来讲，感受惊讶的次数足够多之后，我们往往会开始接受惊讶事件。汽车、飞机、电子邮件甚至可滚动行李箱这些东西在某一个时间点上似乎都挺滑稽可笑的，例如在1946年，制片公司高管达里尔·扎努克曾表示："电视过了刚开始的6个月，之后是不会坚守住任何一个市场的。每天晚上都盯着木头盒子看，人们很快就会厌倦。"但坏消息是，我们的图式发生转换需要一段时间。苹果公司的产品在今天大受称颂，本书写作时其股值是微软公司的两倍多，但是苹果领先微软可是花了超过10年的时间。长久以来，对公众来说，苹果产品太过于反传统了。

所以，请继续产生好奇心，在迷雾中不断探索，练习想法混合术并反复尝试吧。但对观众的行事方式要温柔一点，让你的想法肆意蔓延，但不要让别人对它说"不"。要记得惊讶跷板效应，反复尝试找到惊讶和熟悉之间的平衡。观察人们对你的想法有何反应。他们是很不舒服地转换了图式还是听完后两眼发光？他们是改变聊天的主题还是迫切地连续追问？你是不是必须从零开始解释自己的观点或者可以和已经存在的东西做对比（"它就像，但是也有不同之处"）？如果你发现自己的观点太让人惊讶，你就只有这么几个选择：再反复尝试几个想法，换（具有不同图式的）听众，

---

① 艺术电影，总体特征是具有独特个性。所谓艺术电影，即最为广义的对世界、社会、生命之个人的、原创的、批判性的表达，对电影语言的实验性尝试，强调人物性格和视觉风格，抑制动作性和关注内在戏剧冲突，一直被冠着严肃沉重的刻板印象。

或者耐心等着世界终有一天理解你的想法。一旦你准备好了制造惊讶事件，下一个挑战就是寻找值得关注它的人。这是我们下一章要谈论的。

—— 速查表 ——

第六章

简短版本

制造意料之外的事，我们需要产生好奇心。创造性思考意味着产生新想法，转换视角用让人惊讶的方式看待事情。

工具

● **产生好奇心**：把好奇想成是你要去的一个地方而非感觉到的一种情绪。通过玩"20个问题"的游戏更加深刻了解你身边的环境。

● **在迷雾中不断探索**：寻找答案时，告诉自己在迷雾中思索是个好办法，迷雾是我们大脑产生最好想法的地方。把自己的观察收集起来，收集时不要寻找答案。

● **练习想法混合术**：让不相关的话题相互碰撞，从而激发新想法。

● **反复尝试**：快速并频繁地把想法变成现实，这样你就可以不断修正它们——在这个过程中会不断感受轻微的惊讶，而不是把自己推向一个不愉快的、大为惊讶的结局中。

锻炼你的惊讶肌肉

设想你是自己所在城镇里的街区派对筹备委员会的成员。你必须提出想法，办一个全世界从未见到过的派对。用以上工具进行创造性思考吧。你有什么想法能把街区派对办成好莱坞大片的感觉?

第七章
掌控注意力
Chaper Seven

莉安娜在维也纳大学撰写博士论文期间接到了一位教授的电话。教授解释称，他听说过莉安娜对学习的研究，希望得到她的帮助。起初他犹豫着想逐一细说，但后来解释说，学校发起了一个项目，要把教员的研究推向公众。教授将有20分钟时间分享他们的研究发现，社区成员受邀免费参加。他的问题在于参加的听众人数。在一个大概有1000个座位的礼堂里，前来的听众常常不超过15位，而且他们都是能力过人的研究生和主讲教授的配偶或母亲，还有几个找地方躲避严寒的高龄市民。

在参加完一期讲座后，莉安娜很快就明白了问题的真正所在。问题并非单纯的入座率低，入座率低的根本原因还是那些教授们的讲座无聊得让人难以忍受。他们站在讲台后面大段大段地读幻灯片上的信息,听众不得不努力集中注意力听他们讲,但即使是最渴望知识的眼睛也不可避免会变得呆滞无神。教授问:"你能不能帮我们提升演讲效果?"莉安娜回答说:"我可以试一下。"

莉安娜为此做了一次调查研究,她在讲座中对为数不多的听众进行了问卷调查,想看看哪些教授最擅长吸引并保持听众的注意力。她让参与人员对讲课人评分,分数为0至100分。大多数教授的得分在70分左右,但有一些教授则不一样。他们不仅能得90分,而且听众实际上还记住了听到的信息并打算讲给其他人听。莉安娜一遍又一遍地观看这些能够掌控听众注意力的超级大师的讲座,最终发现了他们的讲课模式。她跟教员见面分享了自己的研究发现,大多数人都表示怀疑,仅有一位人类学家教授同意按莉安娜的方法做一次尝试。

区别立竿见影。通过应用莉安娜充满惊讶元素的技巧,这位人类学家教授的得分跃升了20分。渐渐地,其他教员也开始借鉴,最后一共有来自6个部门超过150位教授借鉴学习。他们的讲座从最初的入耳即忘逐渐变得引人入胜。不出一年,他们在礼堂开讲座时总是座无虚席。

接下来要说的就是掌控注意力的一些最有效工具,这些工具是莉安娜当时在维也纳发现的,并且在过去几年里和塔妮亚对它们做了进一步完善。这些技巧已经把包括从尘土到胆囊等所有学科都变成了引人入胜的主题,是我们最喜欢的工具,能够让我们在人群中脱颖而出并让他人保持积极参与,曾被教师、销售员、小说家、音乐家、制片人、设计师以及很多父母使用过。即使你不认为自己需要掌控注意力，那这门技巧将来有可能还是迟早有用，特别是在这个喧嚣的世界。

制造出人意料的事情始于大胆的想法，这里我们所说的"想法"不仅指思想，也指发明、服务、产品或者信息。但光有想法本身还不够。我们在客户身上常常发现，最重要、最具创造性的想法往往是藏在暗处不为人知的，因为它们都不能成功地得到其他人的关注，而这些想法正是拥有转变个人和关系的力量。一旦一个想法被听众接收，它能传播多远，能产生多大的好处，我们完全不得而知。本章就从帮助好想法传播开始讲起，这也是我们尤其乐于分享的主题。

我们将首先探讨注意力在世界中越来越重要的事实，接着深入挖掘注意力的科学性以及它和惊讶之间的密切关系，最后分享一些掌控注意力的工具，让你在策划出人意料的事情时更得心应手。

注意力经济

现在是早上6点钟，你很饿，裤子还特别紧，并且堵在车流中。你最不情愿的就是注意交通警察告诉你什么时候开车往前走、什么时候停下以及往哪儿转弯，当然了，除非那位交警是一位叫曼托莉雅·哈钦森（后文称哈钦）的女警。为了引起司机的注意力，60岁的纽约人哈钦把纽约市曼哈顿的上东区变成了她的私人舞台，居然在街上跳起了舞。她时而滑行，时而旋转，时而把戴白手套的手摆出迪斯科舞的造型，引得人群为之疯狂。司机们咧着嘴发笑，冲她挥手，愉快地鸣起了喇叭。在接受《纽约时报》的采访时，哈钦说："当你引起了人们的注意，你基本上就可以让他们做任何事。"[1]

哈钦说得没错。吸引并保持他人注意力的能力是权力的来源之一，特别是在当今时代。对哈钦而言，她成功吸引到别人的注意力给她自己带来了很多东西，比如，她收到了仰慕者的来信，她的舞蹈被拍成视频上传到YouTube视频网站，司机由不情愿变得更快乐，而最重要的是，她的工作更安全了，因为当司机注意到了交通执法人，他们就不会撞上去。但如果你抓住了别人的注意力，能做的事情就更多了，无论是招揽新顾客还是鼓动你的朋友，都可以做到。就在不久前，只有广告商和新闻报道者对注意力着迷，但是在今天，掌控注意力正逐渐成为我们所有人的基本生活技能。

长久以来，大多数人都相信金钱的力量。但直到20世纪70年代，政治科学家开始猜测，我们最珍贵的商品不是金钱而是注意力，而且注意力正在快速变成岌岌可危的资源。我们这个繁忙且数据饱和的世界对注意力的要求非常高，而注意力的供应又太低，因此，经济学家们（如托马斯·达文波特和约翰·贝克等）开始把我们社会的这种推动力称为注意力经济[2]。

公众演说者、销售员、教育者，甚至父母都曾经常花时间说服听众相信他们值得关注。但是在如今，不管你的话说得多么有意义，如果它不能从一片噪声中脱颖而出，就会被淹没在电影剪辑室中。掌控注意力不仅对网站（人们毫无负罪感自由进出的地方）来说是一个挑战，对各方各面来说都是挑战，比如，由于我们的智能手机很容易隐藏，老师们不得不和整个互联网上的内容作斗争，以争取学生的注意力；某些电视节目必须和其他电视节目竞争（美国各家庭平均有超过180个频道）[3]；YouTube视频网站上的视频得跟其他视频网站争抢用户；用户的博客也要争着胜过其他博客；还要感谢我们的约会网站，甚至单身贵族都很难抓住一个机会（网上有超过4000万人试图在线得到别人的关注）[4]。

在过去，突破噪声的办法是声音喊到最大，出场最绚丽，或者重复次数最多。企业可以砸钱在广告牌、广告节目和杂志上做广告，然后坐等财源滚滚而来；老师因为"拥有"所有信息的优势，学生别无选择只能听他们讲；管理者可以向员工发号施令要求他们遵从指示。但今天一切都不同了，我们都在争分夺秒地互相争抢他人的注意力。所以，在这竞争正残酷的时刻，一些个人和组织仍然要争取获得注意力，该怎么去做呢？要回答这个问题，先让我们研究一下注意力背后的科学。

大脑专注力：吸引并保持注意力

设想你听到隔壁房间传来什么东西破裂的声音。这个奇怪的声音激起了惊讶程序的僵滞阶段，让你停在原地，把认知资源转向惊讶的反应。接下来是寻找阶段：开始寻找信息。伊凡·巴甫洛夫（因摇铃使狗流口水的实验闻名）把它叫作定向反应或者"这是什么"反射[5]。今天心理学家把它称为暂时注意力，就是我们说"吸引"注意力时所指的那种注意力。惊讶引发的暂时注意力是瞬间的、无意识的，跟我们说在教室里或开会期间集中注意力时所指的注意力是不同的。

一般的网站浏览者会在10秒内决定是否继续关注（即留在当前网页上）[6]。这意味着，如果没有什么东西让用户进入僵滞状态并产生好奇，她就会把注意力转到其他地方。然而，一旦用户决定停留下来，就会开启另一种称为持续注意力的思维，就是我们说"保持"某人注意力时指的那种注意力。

当研究人员开始怀疑电视抹杀了我们社会集中注意力的能力时，注意力的持续时间就一直是热烈讨论的话题。讨论注意力的持续时间，暂时注意力和持续注意力的区别就派上了用场。由于我们的世界中对注意力有要求的事情逐渐增多，所以人们一直以来不断在问："我们注意力的持续时间在不断缩短吗？"一些研究员坚称是在缩短，他们把矛头指向了人们更换电视频道或关闭一个网页的速度之快[7]。但其他研究员认为，我们那样做是在适应世界的新节奏，是在更有效地做选择[8]。一旦我们做好了选择，我们就能够保持专注力很长一段时间。

喜剧演员杰里·赛恩菲尔德（又称宋飞）曾说过这样一句著名的话："关于注意力持续时间的整个说法就是不正确的。如果你把人们逗乐了，他们就有无限长的注意力时间。"[9]在我们不断转移注意力并大喊"我们都得了注意力缺乏症"的时代，的确也有非常多的活动似乎无限地吸引住了我们的注意力。譬如说，儿童的注意力持续时间应该是很短的，但是他们甚至能好几个小时一直玩电子游戏，看电视节目，跟朋友聊天或读一本好书。

吸引注意力依赖于惊讶程序的僵滞阶段和寻找阶段，而保持注意力则依赖于寻找阶段和转换阶段。如果我们正在体验的东西不能持续激起我们的兴趣，并给我们提供新视角，我们就会离开，去寻找更有趣的体验。在本章剩下的部分，我们会仔细讲解吸引注意力和保持注意力的工具，让你那些令人惊讶的想法能赢得他人的关注。我们的目标从来不应是用哄骗的方式让人们集中注意力，而应该是用一种能激起天才般好奇心和兴奋感的方式把内容呈现出来。我们所有人都喜欢有趣的事情，我们希望你能帮助把这个世界变成一个更有趣的地方。你会从其他掌控注意力的专家那里找到很多其他建议，但我们的重点是基于惊讶的工具，这些工具莉安娜在维也纳大学做的许多实验中用过，我们在整个工作中也用，事实证明，它们是最有效的。

吸引注意力

正如老子所言："千里之行，始于足下。"同样的道理，持续注意力的形成是从你获取暂时注意力的那几秒里开始的。据我们所知，吸引注意力有两种最有效的工具，它们分别是打破模式和创造知识缺口。

打破模式

狗狗狗狗狗狗狗狗狗狗狗狗狗狗猫狗狗狗狗狗

即便你是爱狗人士，我们打赌，上面句子里的"猫"字也必定吸引了你的注意力。这个"猫"字并没有什么特别特殊的地方，唯一特殊的是它把整个模式给打破了。你的大脑期待出现更多的"狗"字，所以在遇到"猫"字时就感到了惊讶。这种轻微的惊讶能够短暂分享你的注意力。

在心理学上，某件事的惊讶强度越低，我们就越是很少能感受到它。设想你牵着某个特别的人的手坐在电影院里看电影。起初这种感觉让你觉得既新鲜又兴奋，但仅仅过了几分钟，你的大脑对此就习惯了，你实际上感受不到正在握着的手。要想重新获得那种感觉，你必须打破当前模式，换一下握手的姿势。习惯性从进化的观点来看是有道理的。我们祖先能生存下来就是因为，相对于熟悉的信息，他们优先重视新鲜的、未预料到的信息。因为熟悉意味着安全，而新奇则意味着风险，充满了危险和机会。

打破模式会吸引我们的注意力，不管是公众宣传活动还是音乐，生活的各个方面都是如此。为了弄明白为什么有的音乐能紧紧吸引听众的注意力并让他们打寒战起鸡皮疙瘩，研究人员让参与者听音乐并监测他们的心律和排汗量[10]。在听众产生突然的生理转换以及主观的寒战感觉时，研究者发现了两个共同的因素：一是音量从低柔变大声，二是乐器突然由独奏乐器（如小提琴）变为管弦乐队的乐器（如弦乐乐器和木管乐器）。研究人员这样写道："音乐中间短暂偏离基于之前部分一直期待的模式，整个演变过程很和谐。"

要掌控打破模式的力量，那就先创造一个模式然后让它发生转变。讲师可以让学生做10分钟的练习然后让他们交换座位；设计师可以一直使用同一颜色，然后增加一点出人意料的元素；厨师可以悄悄给普通的一道菜加入不同寻常的味道；作家可以先写几个长句，然后接一个短句。

你还可以利用先前存在的模式并寻找新方式打破它们，就像那个跳舞的交通执法人哈钦一样。打破的模式可以是很小的，比如改变你接电话的方式，也可以是很复杂的，比如大众汽车的"趣味理论"挑战赛。这个比赛妙趣横生，参加比赛的选手必须通过把无聊的事情变成有趣的事情从而吸引人们的注意力。有一个小组通过打破楼梯的模式实现了这个目标。该小组成员想把人们的注意力从电梯吸引到楼梯，他们的创意是：把楼梯台阶变成踏上去能放出音乐的钢琴键。这个试验非常成功，选择走楼梯的人比平时多了66%[11]。

营销部门利用打破模式的手段是，任何东西，哪怕只是做了极其微小的改变，例如即使只是在旧沙拉配方中多加了几片洋葱，他们都会在上面贴上"新"配方的标签。他们还懂得用新方法包装旧东西的力量，比如，Shreddies麦片把包装上的正方形麦片照片"旋转"了一下变成菱形，然后把这种"新款"麦片称为钻石状Shreddies麦片。但我们大多数人甚至在试图吸引别人注意力时仍在坚守熟悉的东西。任何人做演讲只要用"大家下午好。今天我很荣幸到这里来"的开场白，就已经与一次机会擦肩而过，你能不能想一个更好的开场方式呢？正如营销奇才塞斯·高汀这样写道："如果你想让自己的话传播出去，如果你想让我做我从来没有做过的事情，在我看来，你需要做一些你自己从来没有做过的事情。这可能会让人感觉不安全，但如果你做的事情毫无风险，我敢保证你是不会让任何人感到惊讶的。"[12]

创造知识缺口

一群三年级学生围在一张小桌子周围，盯着一碗水看。薇姬·科布递给其中一男孩一个胡椒粉瓶，让他将一些胡椒粉倒入水中。男孩照做，所有小孩都迷茫地看着。薇姬吩咐另一个小孩把他的手指伸到水里。小孩做了，什么事情也没发生。现在得意之技出场。薇姬给小孩的手指上擦了一点点洗洁精。这一次，当他把手指再次放回水中，胡椒粉像受惊吓的鱼一样四下散开了，剩下没有覆盖调料的水聚在碗中央。孩子们立即发出一片惊叹之声："哇噢！""我的天啊。""天哪！"

按薇姬（科学家、教育家，写了近100本儿童科学书籍）所说，这样的反应很典型。但相比于胡椒粉之惊讶或孩子们强烈的关注，更吸引人的是接下来发生的事情。孩子们抬起头，望着薇姬央求她给出解释，薇姬没有回答，反而连续回问了两个问题："你们认为是为什么？我们怎样才能找到原因呢？"薇姬带着既坚定又严肃的态度告诉我们："孩子问你问题时，不要告诉他们答案。你必须回问他们一个问题。只要他们不知道答案，就会一直试着去弄明白。"这就是我们称为创造知识缺口这个吸引注意力工具的本质。一旦惊讶反应让我们停在原地（那些胡椒粉动起来不像正常的胡椒粉！），我们的大脑就力图找到一个解释。我们会本能地设法把自己了解的东西与还不知道的东西之间的缺口填补起来。

创造知识缺口最简单的方法之一就是提问。如果你提的问题跟听众的兴趣相关并且很难回答，你得到的回报就是他们的注意力。这个工具我们可以在教室里用（"你认为为什么东西会往下掉？"），可以在会议上用（"成功企业和失败企业之间最核心的三个区别是什么？"），也可以在对话中用（"你最喜欢的记忆是什么？"），甚至可以在关于惊讶的书中使用（"其他人必须做什么才能引起你的注意？"）。

保持注意力

吸引注意力很难，保持注意力更难。要让听众持续集中注意力并保持参与的状态，你必须时不时让他们在其正常轨迹上停下来，重新激活他们的好奇心，挑战他们的图式，然后让他们觉得值得继续花时间花精力坚持听下去。幸运的是，惊讶也是保持注意力的秘密武器。特别能帮助保持注意力的两个工具是制造可预知的不可预测性和逐步揭秘。

制造可预知的不可预测性

你将在阿什利·艾伯特壁橱中的一个盒子里找到以下物品：

- 三套鸡套装①（两套传统式的，一套充气式的）；

- 一套相扑运动员服装；

- 216个塑料的氖色鸡蛋；

- 两副巨大的眼镜；

- 两把涡轮式泡泡手枪；

---

① 鸡套装，指宽大的黄色服装，人穿上看起来像一只巨大的鸡，一般是促销人员穿着在快餐店等周围帮忙招揽生意。

- 一个花纸礼炮；

- 三个箭头形束发带。

阿什利的壁橱里有好几个盒子，每个盒子里面都装着相似的物品，但又互相不一样。假如《爱丽丝梦游仙境》里面的爱丽丝和《查理与巧克力工厂》中的威利·旺卡生有一个女儿[①]，而他们的女儿也有一个步入式衣橱，那衣橱一定跟阿什利的壁橱十分相似。阿什利是吉米家族乐队的创始人和领唱，吉米家族是一支备受称赞的儿童独立乐队。这些盒子里装的异想天开的物品将孩子和家长牢牢地"粘"在了音乐会的座位上，不管是奥斯汀城市界限音乐节，还是Lollapalooza音乐节，都是如此。

"我的使命就是制造可预知的不可预测性，"我们在翻看她的盒子时，阿什利告诉我们说，"人们应该知道有事情要发生，而又猜不出来要发生的事情是什么。如果他们知道要发生的事情是什么，那么那件事情就没什么特别了。如果事情不够特别，那就是我的工作没做好。"所以她就准备了泡泡手枪、土拨鼠木偶还有公主服（你懂的）。在说到自己的观众时，阿什利说："他们盯着我们，满脸期盼的表情。等我们揭露那件特别的事情时，他们都发狂了。那是喜悦的象征，十分可爱。"

---

①《爱丽丝梦游仙境》，英国作家路易斯·卡罗所写的儿童书籍，书中呈现出一个小女孩的丰富幻想世界，主角爱丽丝在梦中跟一只会说话的白兔来到一个奇怪的世界，遇到了许多千奇百怪的事物。
《查理与巧克力工厂》，英国作家罗尔德·达尔所著的儿童文学，内容是关于主角查理·毕奇在古怪糖果制造商威利·旺卡所持的巧克力工厂中的历险。两本书都是儿童文学史上的重要作品。

这个方法不仅仅适用于年轻人和容易逗乐的人。阿什利上一次的冒险事业是在纽约第一家沙狐球①夜总会——皇家沙狐球夜总会，她在设计中就布满了惊讶元素。从不断地更换流动餐车到变装皇后的宾果游戏，一波接一波的预期惊讶事件后紧跟惊讶事件，吸引了很多成年人转身进入这家夜总会，并在那里久久驻足。

人们在参加阿什利音乐会或进入她的俱乐部时，知道有神奇的事情会发生，但就是不知道会是什么事情。当你打开最喜欢看的电视节目，通常期望一连串的惊讶事件带给你欢喜，不管是原创性的笑话或带有创意的谋杀案。你登录社交网站，期待在好友动态中碰到未预料到的乐事。而我们最投机的谈话都是充满了让人愉快的发现、奇闻和深刻见解，这些我们都无从预知。可预知的不可预测性会让人上瘾，当我们在期待一些无法预期的事情时，我们会欲罢不能而只能继续集中注意力。

与阿什利一道认识的另一位支持并使用此方法的人是教育家博比·布鲁克斯。他外出做讲座时只带便携式衣橱和更衣帐篷。衣橱里塞满了各种服装，有裁判服、判官服，以及印有巨大的黄色M&M字样的服装。在给大学生做关于营销的讲座时，博比来回换各种服装，每套服装都和课堂主题相呼应。纽约生活实验室的客户，比如哥伦比亚大学商学院的教授，也采用这种制造带有不可预测性的预期的方法，虽然不是那么有趣，但也颇有成效。他

---

① 沙狐球，一种在桌上滑动沙狐球的游戏，球手用手向球桌另一端推出一枚球，另一球手推出球设法将对手的球击落或超过对手的球。

们的做法是随机点学生回答问题，这种策略虽然似乎让人感觉不愉快，但莉安娜的研究显示，它让学生融入课堂的程度和学习效果都如火箭般上升了很多，甚至学生都承认（虽然有时候是勉强承认）这种方法的确奏效。

最后，同样重要的是，为了制造可预知的不可预测性，我们只需简单地把自己的脆弱展现出来即可。TED大会的内容总监凯利·斯托泽尔和内容联合策划人耐克·温伯格告诉我们，演讲会是引人入胜还是入耳即忘，区别不在于演讲人的专业知识，而在于他们的脆弱性和真实性。在TED排练时，演讲人把更多的时间用来练习如何展现脆弱，而非用来记忆内容和调整自己在台上的姿势。耐克说："让演讲者在台上展示真实的自己非常重要。如果他们本身就古怪，就随他们古怪的样儿。如果他们说话声音很大，在台上活蹦乱跳的，也随他们。你看这个演讲人，一头乱发，在舞台上走动不停，并且头发随着步伐凌乱地四下飞舞，但他的演讲很精彩，因为你能感受到他的激情和活力，他就是天文学家克利夫·斯托尔。"

我们知道从谨慎而只会照本宣科的人身上会收获什么——我们期待他们稳重行事，遵循社会的传统模式。我们一旦感觉这些人的行为处在我们可预测的范围内，那么，在我们的神经系统里，他们对我们来说就是隐形的了。但是，当有人展现出了脆弱，我们就会觉得，任何事情都有可能发生，并且我们会情不自禁地倾身向前把注意力转向他。

逐步揭秘

"哈利的话音被脚踝附近传来的一声尖厉叫声所淹没，他低头往下看，正好看到一双灯泡一样的黄色眼睛，原来是洛丽丝夫人，那只骨瘦如柴的灰猫。"这是J.K.罗琳《哈利波特与密室》中的一段文字。我们是打开书随意摘取的，而它恰好完美地展示了罗琳的写作风格，揭示了罗琳的书如此脍炙人口的原因，也揭示了维也纳大学教授最令人乏味的讲课内容跟这些文字的巨大区别。J.K.罗琳用的这种写作方法就是我们所说的逐步揭秘。

逐步揭开秘密就像设计一连串的知识缺口一样，一次又一次地给寻找和转换阶段增添燃料。要注意到，J.K.罗琳并没有说有一只猫在哈利的脚边叫，相反，她把我们吸引过去，让我们停留在那里去寻找意料之外的声音来源，即使我们自始至终都在怀疑那就是猫叫声。她就这样一段又一段、一章又一章，在我们心中不断种下一个个问号，促使我们不停地翻开下一页去寻找答案。想象一下，你在喂狗吃汉堡时，每次只喂它一点点碎屑，那会是怎样的情形。当你把整个美味的汉堡一次性给了它，汉堡会被狗几口就吃掉，其中的乐趣也就没了。如果你把汉堡弄成碎片，狗吃到一口肉味的碎片就会越来越兴奋。这个原理适用于胃，也适用于我们的心灵。

逐步揭开秘密的最好方式之一就是讲故事。我们一听到"我来给你讲个故事吧"，我们就会倾身向前靠说话人更近一点，这种本能的反应我们想抵抗都抵抗不住。即使是一个你认为不那么让人惊讶的故事，它的核心里也有惊讶元素和奇事。故事就是对听众的一个许诺。当你开口讲"从前"（或者与之对应的现代说法），你就是在向听众许诺有什么事情将要发生，他们就不得不一直听你讲才能弄明白那是什么事。获奖导演J.J.艾布拉姆斯把这个过程比作给观众埋下神秘的盒子等他们去打开[13]。

《玩具总动员》和《机器人总动员》两部动画片的共同缔造者安德鲁·斯坦顿坚信，观众实际上是想自己努力搞明白接下来会发生什么以及它们都意味着什么[14]。他们想要做"琢磨"这个艰辛的脑力劳动。安德鲁和皮克斯动画工作室的同事鲍勃·彼得森把这一概念称为"2+2的统合理论"。根据他们两人的经验，观众不想让别人直接给他们4，他们想得到2+2然后自己算出4。同样地，教育研究员大卫·约翰逊认为，在教室里通过惊讶和秘密逐步展开信息"是善于揭示主题的老师相比于照本宣科的老师这两类老师的不同之处"[15]。

或许有那么一个时刻，你有一个自己极其坚信的想法，但整个世界似乎看不到它的存在。你第一个冲动可能是爬到房间里最高的地方冲人们大喊。在你清嗓子说话之前，先稍微暂停一下，问一问自己，你的信息是不是适合下面的人听。我们有什么想说，并不意味着，别人就跟欠我们什么一样该集中注意力听我们讲。接下来，再考虑一下你在给听众制造出乎意料的感觉方面是否有策略性、是否有意为之。回想一下你宝库里的工具：打破模式、创造知识缺口、制造可预知的不可预测性以及逐步揭秘。维也纳大学的教授（本章开篇提到过的）一开始不能吸引听众注意力的时候，他们一时冲动的想法是放大讲课的音量，在演讲中多加一些幻灯片。他们最终掌控了那个礼堂里听众的注意力，全靠的是耐心和多加练习。一旦他们做到了，他们的想法就会传遍整个社区。

简短版本

吸引注意力就是让人们在自己的正常轨迹上停下来，并激起他们的好奇心。保持注意力要求不断植入许多小的惊讶事件，并拉长人们感到惊奇的持续时间。

工具

● **打破模式**：创造一个模式然后将其扭转，或者找到现存的模式，然后做一些跟人们的期待不同的事情。

● **创造知识缺口**：向人们展示对他们来说还是未知的事情，而他们又不得不一直听才能找到答案。

● **制造可预知的不可预测性**：让人们期待有让他们惊讶的事情将发生——尽管没人会知道事情将什么时候发生或怎样发生。

● **逐步揭秘**：用你的有利条件制造悬念。不要一次性把所有的信息都呈现出来，要一点一点地揭示。

锻炼你的惊讶肌肉

你必须就自己在本书中刚读到的一些概念做一个介绍性发言。你的听众里有一些是经理主管人员，他们坚称自己的时间非常有限，况且他们各自都手里拿着智能手机，很容易分心。你该怎样吸引他们的注意力并让他们集中注意力听你讲？

第八章
制造愉悦感
Chaper Eight

芝麻街工作室[1] 在与IDEO的玩具实验室经过了深入合作之后，觉得是时候让设计师为真正的专家们——蹒跚学步的小孩——提供创意服务了。他们可不是一般的孩子，而是刚处于两三岁、对便盆使用训练[2] 的厌恶简直比任何事物都更甚的小孩。当芝麻街工作室请玩具实验室帮助小孩(和父母)度过便盆使用训练期的时候，

---

[1] 芝麻街工作室，非营利性教育机构，致力于为世界儿童的生活带来显著改变。针对儿童设计了很多新颖有趣的教育内容，主打节目《芝麻街》是高居全美收视之冠的儿童节目，节目中大部分角色都采用布偶。

[2] 便盆使用训练，又称如厕训练，教宝宝在厕所大小便，目的是让宝宝自己觉得膀胱内有排尿感觉的时候，能够憋住尿意，等到了厕所再解决，开始时是用便盆做辅助。

他们知道这是目前遇到的最艰难的挑战之一。问题看起来好像挺简单的，让小孩在便盆里便便就行啊，但是，家长、心理分析学家以及上百万美元的便盆使用培训行业的任何人都会告诉你，小孩一生中的这一阶段可没有什么简单的事情。

玩具实验室设计了一个便盆使用训练的手机应用软件。第一个样品设计完成后，父母在智能手机上打开软件拿到孩子面前，观察他们有什么反应。尽管软件的界面颜色五彩缤纷，声音悦耳优美，并且还有其他各种帮助小孩学习便盆使用的特色功能，但只有一个按键吸引了小孩的大部分注意力。这个键是"召唤艾蒙"[①]，按这个键，可以给布偶艾蒙"打电话"，艾蒙的脸也会出现在屏幕上，跟视频电话完全一样。小孩也可以在屏幕上看到自己的脸，让他们感觉自己在面对面跟艾蒙聊天，就像跟奶奶聊天那样。这真是一个让人极其惊讶的结果。蹒跚学步的小孩对着手机时不时咯咯笑个不停，偶尔又咧嘴大笑，欣然聆听艾蒙讲的便盆使用建议。

设计者随后改进了应用软件（现在软件的名字是"与艾蒙通话"），只保留了语音电话和视频电话的功能。艾蒙会讲小孩感觉受挫的事情，比如使用便盆、刷牙、洗澡等。让人惊奇的是，孩子们实际上都很爱听。新版本的应用软件甚至可以让父母设定艾蒙给小孩打电话的时间。你能想象，接到最喜欢的明星给自己打的电话是什么感觉吗？这个愉快的惊讶事件把之前诸如使用便盆

[①] 艾蒙（Elmo），芝麻街中用来吸引小朋友的招牌玩偶，圆圆的眼睛，大大的鼻子，天真无邪，说话像小孩子一样可爱，备受人们喜爱。

等(你的情况或许是处理税务等)不愉快的事情变成了有趣的事情。而且，积极的惊讶事件激发小孩不停地跟艾蒙聊天。在这个应用软件发布的一年之内，艾蒙打电话的次数超过了1亿次。

父母为孩子的便盆使用训练痛苦不已，而这个软件的成功则为父母带来了显而易见的益处，这正是出人意料之事的力量体现，但这个故事只是无数例子中的一个。积极的惊讶事件可以对我们所有人都产生变革性的影响。在前一章，我们谈到掌控注意力创造出人意料事情的重要性，吸引不到他人的注意力，你给他们讲事情就跟演哑剧一样。艾蒙当然抓住了注意力，但他往前迈进了一步，那就是，他创造了愉悦感。愉悦感是心理学家描述让人快乐的惊讶事件时用的词[1]。

愉悦感不仅让我们在注意力层面上接触对方，还可以让我们在情绪层面上接触对方，而情绪会激发行动并建立关系。对于享受到愉悦感的人而言，他们的感觉很奇妙，对策划惊讶事件的人而言同样如此，这正是我们要认真对待它的最好理由。但如果你必须要说服怀疑论者相信制造愉悦感非常值得花精力，那就需要考虑愉悦感能带来的其他好处。

旅游顾问网站TripAdvisor[①] 上一项针对酒店评价的研究发现，相比于给"满意"评价的客人，"非常满意"的客人选择再次入住同一家酒店并推荐给其他人的可能性只高出24%[2]，但是感受

---

① 旅游顾问，全球最大的旅游网站，旨在协助旅客规划和预订完美的旅程，提供真实旅客的可靠建议、多样化旅行选择，以及与预订工具紧密结合的规划功能，可查看上百个网站，找到最优惠的酒店和机票价格。

到了"愉快的惊讶"（即"惊喜"）的客人再次入住并推荐的可能性却高出58%。并且，在所有感受到惊喜的客人中，酒店的顾客忠诚度高达97%。就跟蹒跚学步的小孩想不断接到艾蒙的电话一样，感到愉悦的客人才会想再次入住同一家酒店。

愉悦感会触发惊讶程序的分享阶段，激励人们跟其他人讲自己的经历，每个人平均会给6个人讲[3]。当然了，在社交媒体时代，这个数字会快速变成6000。惊喜是让人们讲出积极言语的最大驱动力。愉悦感会让我们对不愉快的活动和中性的活动（像使用便盆、去体育馆或做家庭作业等）的看法产生转变，为健康的新行为铺平道路。愉悦感还可以提高生产率。研究人员发现，积极的心情最有助于创造性解决问题[4]。鉴于我们的世界日益依赖新想法，所以有理由说，我们所有人都可以在家庭中、工作中更多地利用愉悦感。最后，我们为他人制造愉悦感，就是在向他们表示，他们对我们足够重要，值得我们花精力和心血给他们制造惊喜。即使我们制造惊讶事件的规划方案在执行过程中稍微弄砸了一点，这一点还是能让他人感知到。难道人们不值得偶尔被提醒一下有人在关心他们吗？

制造出人意料的感觉时，我们把平凡变成了非凡，而在制造愉悦感时，我们更进了一步，把非凡变成了极其有意义，极其难忘的感受。在本章，我们将解释愉悦感的科学性，然后分享制造令人愉悦并出人意料的感觉时我们最喜欢的工具。我们还将讨论如何为制造愉悦感创造一个可持续的惊讶体系。你可以把这些工具应用到生活工作中的方方面面。如果愉悦感可以让小孩拉便便变得有趣，那么它就有了无限的可能。

期望值

设想你刚点了一个普通奶油干酪烤百吉饼。你付了钱，从收银台拿走铝箔纸包裹的热饼就往门外走。到办公室后，你打开铝箔纸包装袋，结果发现……一个普通的奶油干酪烤百吉饼。此时你是什么感觉？除非商店有弄错订单的习惯，否则你几乎不会有什么感觉。这一时刻在你的生命中完全不重要，你的大脑几乎都懒得做处理。当事件按计划发展，它们就刚好够着了"期望值"。

现在，假如说你打开铝箔纸包装袋，结果却发现里面是一个涂黄油的半冷冻洋葱百吉饼。呃……这个事件低于你的期望值，就是说，你感到了消极的惊讶（即失落），或者说简单一点，你失望了。另一种情况，如果你打开铝箔纸包装袋，发现商店给你塞了两个烤得特别好的奶油干酪百吉饼，而且你也没多付钱（刚好你也不在乎卡路里热量），那么这个事件就高于你的期望值。你感到了惊喜，很愉悦。

愉悦和失望都与神经传递素多巴胺紧密相连。通过研究猴子对意外发生的果汁喷射现象的反应（因为猴子喜欢果汁），神经科学家沃尔弗拉姆·舒尔茨发现，超过期望值的事件会让大脑释放多巴胺，而低于期望值的事件则会使多巴胺减少[5]。尽管多巴胺通常和快乐相连，但科学家现在怀疑这个联系并不是全然正确的。喜爱和渴望是有区别的。当动物和人类研究主体受到能限制或消耗多巴胺的药物影响，他们似乎仍能体验到快乐[6]，但没有表现出渴望的意思。多巴胺是刺激渴望的上瘾药物，因此受到愉悦感的影响，它不仅仅产生快乐，还会引发产生对更多快乐的渴望。一方面，这或许解释了为什么愉悦感能把我们不喜欢的任务变成我们想不断重复的活动，也解释了为什么企业和个人（包括艾蒙在内）如果能成功地让我们体验到愉悦感，就能让我们成为他们的回头客。另一方面，失望会让我们学着把期望值降低一点，并不再接近让我们失望的事情。

在我们作为惊讶学家的生涯里，我们已经帮助为各种各样的情境策划愉悦感，从会议到产品，甚至还为意大利布林迪西市做过设计。除去项目的范围不论，我们发现，每一个有效的设计都是从了解期望值开始的。不管你是为自己的孩子还是为客户策划惊讶事件，如果没有领会人们的期望值，你策划愉悦感的举动在战略层面就跟在黑暗中掷飞镖一样。

同样重要的是，要记住，不是所有的愉悦感都是平等的。如果一辆车的窗户打开和关闭的速度比期望的要快，它或许能产生一股愉悦感，但是相比于窗户速度，司机更看重其他的一些期望值，如舒适度、安全性、价格以及燃油经济性等。朋友给我们买了礼物可能会让我们感觉愉快，但友谊中更重要的期望值通常是诚实和可靠。要增强友谊，这些期望值更需要多加注意。

任何策划愉悦感的尝试一开始都要掌握最有意义的期望值。掌握期望值最好的方式之一就是特别留意人们说的话。在惊讶产业公司、纽约生活实验室以及我们自己的生活中，任何时候人们提到他们觉得重要或特别的事情，我们都会粗略地把它记在一个绝密的电子表格里，我们把这个表格称为惊讶档案。我们会定期查看这个表格，从中寻找策划并制造愉悦感的机会。在本书结尾你会找到属于自己的惊讶档案。

抱怨甚至会更有帮助，因为它们暴露了低期望值，这正好是超越期望值的机会。如果你发现自己的配偶总是因为你没洗盘子而烦心，或者你的员工抱怨上班时间不方便，你就发现了创造愉悦感的机会。只要想一想网飞公司（世界上最大的在线影片租赁服务商）利用人们长期以来对电影租赁的低期望值而大获成功的案例，就会明白这一点。之前，消费者的苦恼在于，租赁的电影光盘如果还迟了需要支付滞纳金，并且还得自己费力到当地租赁实体店取光盘。网飞公司则借助邮件订阅服务超越这些根深蒂固的期望值，让数百万客户兴高采烈，并且还对网飞公司感激不已。

制造愉悦感的工具

一旦我们掌握了最有意义的期望值，就只需要超越它。制造愉悦感的方式虽有限，但这三个工具是我们最喜爱的：低许诺／高兑现、埋藏曲奇饼、给一个"不为什么"的解释。

低许诺 / 高兑现

有一家奢侈品零售商，名声享誉世界，其服装质量属于世界的最上乘行列，但现在它遇到了难题。在它旗舰店所处的同一条街上，还有4家其他品牌的奢侈品店，同样拥有世界上最好的名誉，服装质量同样最好。遇到一个有钱花、刚好又有心情试几件晚礼服的顾客，这家零售店几乎无法跟其他几家店区分开来。直到有一天，一位不大可能消费的顾客推开他们闪闪发光的玻璃门，这家公司才意识到如何脱颖而出并与顾客建立更紧密的关系。

米里亚姆走进这家零售店，手里紧握着一个饱经风雨侵蚀的手提包，上面的布带撕破了。她把手提包放在柜台上，手都没伸回去，也没抬头看一眼销售员便开口说："瞧，我7年前买了这个手提包，我知道它对我来说太贵了，我甚至都不准备问你能不能修它。但我就是喜欢它，它是我拥有过的最漂亮的东西。"站在柜台后的销售助理科拉深深感动于米里亚姆的诚实和她对那个手提包的依恋。她自己也买不起（2800美元的手提包），并且她理解米里亚姆在走出家门面对这个世界之前，把手提包跨在肩上时那种自信和骄傲。她告诉米里亚姆，本店将会收取50美元维修费——这个价格让米里亚姆稍稍一惊，并承诺下周可以修好并让她取走。

米里亚姆第二周回来取的时候，满心地期待，但她发现柜台上等待她取的并不是她熟悉的那个残破的包。那个包已被重新缝补了，并且整个儿闪闪发光，看起来跟她买回来的那天一样新。科拉不仅修好了布带，还把整个包擦干净了，最后还重新缝补了一下。

米里亚姆的第一反应是惊慌，她结结巴巴地说："我没有要求这么多。我付不起啊。"然后科拉把发票递给她——总价25美元——米里亚姆顿时眼泪夺眶而出。她哭并不是仅仅因为省了一些钱，或者得到了一个闪闪发光、看起来崭新的手提包。对米里亚姆而言，这个包代表了有人看得起、她受重视以及受尊重。她走出商店，全身心愉悦不已。

几天后，米里亚姆写了一封信，信转交到了公司总裁的手里。从此之后，这家零售店的文化发生了一些转变。销售和运营团队不再专注于满足顾客，而是开始执着于寻找制造愉悦感的机会。不仅因为这对生意有益，而且正如一位团队成员所解释的："它对灵魂有益。"员工开始不把自己当作员工看，而是把自己当成制造愉悦感的特工。并且，他们不再把顾客看作顾客，而是开始把他们当常人来看。唯一的问题是，这样做成本比较高。不久之后，零售店用完了"愉悦感预算经费"，现在面临的选择变成了，到底是回归到往常的生意还是寻找免费制造愉悦感的方法。

为解决这个难题，该团队回顾了他们和米里亚姆的经历。他们越想，越清楚地发现，让米里亚姆感动落泪的并不是因为手提包被擦干净了，而是因为她并没期望手提包被擦干净。她只期望把布带修好（或许还有冷冰冰、没有人情味的顾客服务）。科拉的做法超越了她的期望值，向米里亚姆传达了这位顾客对她很重要的信息。还没完全弄明白怎么回事，团队就无意中想到了商业管理顾问汤姆·彼得斯所称的成功方程式：低许诺／高兑现。

而我们大多数人的做法刚好相反，都是不由自主地高许诺低兑现。"来尝一下世界上最好的比萨饼",我们就是这样描述一张普通比萨饼的;我们说"我星期一之前就给你送到",然后一直拖到星期三;"我迟到5分钟就能到",我们这样发誓,尽管我们私下里完全知道再给半个小时都到不了。尽管高许诺会让我们起初给人留下一个好印象,但它最终会导致失望。而低许诺的力量则是制造与人们期待不一致的事情从而让他们惊喜,它让我们起初看起来一般,但接着会产生愉悦感,这会让相关的所有人都受益。

低许诺／高兑现的目标不是把期望值设低("各位,我们的比萨饼是全世界最差的!"),而是把期望值设得比我们能兑现的低1英寸或2英寸。一些企业把这个方法用在预计送货日期方面,许诺两天内把产品送到,但实际上过了一夜就送到。配偶在晚餐计划中也可以运用低许诺／高兑现的技巧,原定的期待是糊状的剩饭剩菜,而实际上却做了热腾腾又可口的饭菜。对这家奢侈品店而言,低许诺／高兑现的哲学可以一直给顾客制造愉悦感,并且最好是,绝对免费——他们所有需要做的只是把期望值轻轻下移一点,然后一跃而过。

埋藏曲奇饼

我们觉得有的企业相当好,有的企业好极了,而对于一些企业,我们则钟爱有加。我们猜想,不管什么时候爱之将至,愉悦感就是丘比特。我们的朋友本杰明对波士顿金普顿酒店的钟爱持续了10多年。尽管从他家到那里有一个小时的车程,他还是开车去那里,并且跟自己遇见的每个人都谈论这家酒店。触发本杰明痴迷于金普顿酒店的事情发生在他第一次入住后临走的时候。他退房时请服务员把自己的车开过来，随后他开车走了近10分钟后才发现汽车仪表盘上塞有什么东西。一看，原来是一个盒装的巧克力芯曲奇饼，还是热的，另外还有一张手写便条，祝愿他开车回家一路平安。不管是不是真有曲奇饼，我们都习惯把这种愉悦感的设计方法叫作埋藏曲奇饼。低许诺／高兑现的做法依赖的是与预期不一致产生的惊讶，而埋藏曲奇饼依赖的则是完全因为没有预料到（且同样令人愉悦）而产生的惊讶。

网站里往往用复活节彩蛋的形式埋藏曲奇饼。在谷歌搜索框中输入"askew"（歪斜的）或"tilt"（倾斜），或者在YouTube视频网站搜索框中输入"do the Harlem shake"（跳哈莱姆摇摆舞），看一看会有怎样的结果。即使你从来没有遇到过这些隐匿的愉悦感，你或许也对谷歌的图标很熟悉，它随机隔一段时间就会变成其他滑稽的图片或游戏。

埋藏的曲奇饼可以激发行动。一位办公室女经理曾对我们说，要让同事收邮件并按她在邮件里所说的去做，万无一失的唯一办法就是用玩笑、趣事、照片或动图的形式在邮件中埋藏一个曲奇饼。她在交流中融入的这些让人惊讶的元素不仅会给同事带来动力，也会让她的工作更有趣并加深她和同事的关系。

愉悦感也会激励行动。在心理学家兰迪·加纳亲自参与的一个实验中，他给自己大学的全体教员发了一份调查表，征求他们对校园氛围的看法[7]。只是他对教员的看法半点都不感兴趣，他想要看的是一个微小而有人情味的细微之处（埋藏的小曲奇饼）能否促使教员回应得更快。他给其中一组教员发的调查表附有一封打印的信函，给另外一组发的是同样的调查表，但表上贴有一个便签，上面有手写的请求和致谢。在没有收到附有便签调查表的教员中，只有36%的人回复了调查表，而收到附有便签调查表的那组教员中，回复率竟高达76%，这简直令人惊叹。

埋藏曲奇饼的最好机会之一就是在期望值低和情绪低落的时候。很多网站把这一点做得很好，比如，把网站上出现的404（错误）页面做得很滑稽。用户不但不会感觉失落，实际上还感觉挺愉快。利用同样的哲学，一家叫甜蜜绿色的饭店是这样做的，只要司机得到了违规停车罚单，饭店就在他们车的挡风玻璃上塞礼品券。西班牙航空公司的做法则更是煞费心机、引人注目，他们给圣诞节前夜的晚航班策划的愉悦感堪称完美。意识到旅客在节日搭乘航班之后会感觉乏累并且或许有一点难过，所以他们在传送带输送行李箱时给每个乘客都送了非常个性化的礼物。

想一想你可以埋藏曲奇饼的所有地方都有哪些。电子邮件里、乏味的表格里、等候室里，还有你的家中？仅仅贴一个便笺和一句关心的话语就能产生神奇的效果。为免你受启发想得太远做得太过，我们这里将补充一点提醒建议。要记住，惊讶会强化情绪，而强度大的惊讶可能会太让人不知所措。某些文化背景里的人收到礼物时会感觉不舒服或有负罪感，商业圈里的人尤其如此[8]。并且即使在更容易接受礼物的一些文化里，我们也有理由建议只埋藏曲奇饼而不要埋藏劳力士手表。涉及愉悦感，通常越小越好。除了担心产生太强烈的情绪，强度大的惊讶还会引起礼尚往来的惯例，导致人们觉得必须想办法回赠你而不能单纯享受惊喜本身。还有，较小又能让人感觉愉快的东西，比如糖果和讨人喜欢的举止等，不是那么昂贵且更容易实现，这样想也没有什么坏处。

给一个"不为什么"的解释

如果你曾在不是什么节日的某一天给别人送了一份礼物，那个人很可能瞪着你，一脸"痴呆"的表情，然后问你："为什么呀？"你的行为触发了惊讶程序中的僵滞阶段和寻找阶段。但是如果你给他们做了解释（"因为我想感谢你的辛苦工作"），你就错失了惊喜所具有的全部潜力。如果你希望自己的礼物或举动产生尽可能大的愉快效果，那么给任何接受者的最好解释就是"不为什么"。

要记住，一旦我们通过得知答案而结束了惊讶程序的寻找阶段，马上就会停止寻找解释。弗吉尼亚大学和哈佛大学的研究员曾好奇于结束寻找或延长寻找行为对愉悦感有怎样的影响[9]，尤其痴迷于随机善意行为中随机性的作用。为探讨这个问题，他们给图书馆里的学生分发了两种类型的卡片，每个卡片里装有一个金币，卡片上还写有这样一句话："送给你！祝你今天过得愉快！"，同时还写有关于"微笑社团"的简要信息。但这两种卡片有巧妙的不同之处，"有解释"的卡片上写有"我们是谁"和"我们为什么这样做"的文字，说明了微笑社团及其使命。而"不为什么"的卡片上这一信息并不明确。

接着，另外一位研究员走近学生并请他们填一个"不相关的"问卷调查，主题是关于他们心情的。结果呢？相比于那些觉得明白了自己为什么会收到卡片的学生，收到"不为什么"神秘卡片的学生心情比前者明显好很多。同时，感受到愉悦感和困惑感的参与者持续惦记卡片的时间更长，对卡片上的文字也记得更准确。

正如预测悖论（第五章提到）所预示的，大部分学生认为了解了送礼物的原因会让他们更高兴，反面同样也成立。好事情发生在我们身上时，我们"渴望"知道为什么，但是找到原因的过程会减弱我们的愉悦感。就跟收到秘密崇拜者的来信以及陌生人微小的善意举动一样，行为越是随机和莫名其妙，我们产生的良好感觉持续的时间越长，感受到的愉悦感也越强。

我们的视角或许似乎悍然不顾常规思维。特别是在工作场所中，发奖金通常就是为了训练员工做正确的事情。我们发奖金是为了生产效率，颁发礼品卡是为了培养团队精神，就像训练狗狗表演杂技一样。讽刺的是，用外在的奖赏去激励良好的行为，我们却剥夺了内在的动力，让活动本身不再那么令人愉快。当然了，一张星巴克礼品卡会让我们开心，但是为做好工作本身而做好工作远比这更让人有满足感。给"不为什么"的解释是尊重人们内在动力的做法，提醒人们不管他们的销售业绩怎样，他们对我们都很重要。私人关系也是同样的道理，生日礼物、结婚礼物还有道歉礼物对大脑来说很容易找到解释，因此这些礼物很快就失去了魔力。试一下夸赞某人、给他做一次背部按摩，或者给他们一个"不为什么"的解释，看看结果会怎样。

可持续的愉悦感

当我们谈到关于制造愉悦感的话题，人们的反应很容易预知。起初他们很兴奋，接着明显很焦虑，最后直接发各种牢骚。一位首席执行官在听完塔妮亚关于愉悦感的主旨发言后说："我很久前犯了一个大错，自那时起一直后悔不已。一天晚上，我接了一个5点后打来的电话。从那之后，客户期待我接电话的时间就越来越晚。愉悦感这种东西太可怕了。"

我们见过很多夫妇、父母还有管理者试图自己制造愉悦感时遇到了同样的挫折。这其中有很充足的理由：每次你给人们的东西超出了他们的期待，就把他们的期望值提高了一点，这样一来再给他们创造愉悦感就更难，也就更容易让他们失望。礼物、赞扬和奖金也很快从奢侈品变成了必需品。你给人们制造愉悦感的次数越多，他的期望值就升得越高。正因为此，很多人选择积极地避免给他人制造愉悦感，仅仅专注于达到期望值就行。我们希望你会认同这是个可悲的妥协。

要想抵挡期望值逐渐攀升的趋势，从而让惊讶变得可持续，至少有两种方法可以实现。一个方法是改变你给他人制造愉悦感的方式。一次又一次地送巧克力和玫瑰定会让浪漫的味道变淡，但是每一次都送不同的点心或不一样的鲜花会让多巴胺哗啦哗啦地分泌。送10美元的玫瑰花之后送1美元的雏菊，比接着再送10美元的玫瑰更有价值。

另外一个方法是创造随机强化程序。用猫和吃角子老虎机的例子有助于理解这个概念。如果你曾经养过猫，很可能就知道很多猫主人都被迫养成了一个早晨惯例，一旦做一次，似乎就没有反悔的机会了。在每天的特定时刻（总是在闹铃响起之前），你家的猫都会叫着要你喂食。在你们共同生活一段时间后的某一个时刻，当这个毛茸茸的怪物在门边既号又抓时，你试图停止这个循环，拒绝喂它，但这只会把事情弄得越来越糟。其实，你可以先喂它磨碎的猫食作奖励，然后忽略它的存在，接着再次奖赏，这样你就给毛茸茸的怪物吃了一个夹着"挣扎"的三明治（还记得第三章吗？），让它认为它的努力终将有回报。

相同的心理过程也会增强人们去玩吃角子老虎机①的诱惑。有时候你会中奖，但大多时候你不会中奖。正是这个强化程序的随机性让你不停地猛拉老虎机的把手。每次没赢得奖品时，你感觉失望、失落，但可能会赢的机会又深深吸引着你，把你牢牢黏在座位上。然后，如果你真得赢得奖品，即使仅仅只是一小把硬币，你的大脑就会被浸泡在多巴胺中，高兴地尖叫起来。如果不加控制，这个循环会让人上瘾。但只要控制得好，有正当的理由，随机强化的做法就可以创造可持续的愉悦感。

在线杂货店新鲜直达FreshDirect也在使用随机强化的方法，偷偷在顾客的货物包裹中多放一瓶橄榄油或一堆赠品。由于它发放这些赠品的机会非常少，并且随机性很大，顾客从来不认为自

---

① 吃角子老虎机，赌博机器，中奖率极低。投入硬币，再拉一下把手（或按一下大按钮），机器就开始转动，停止时，如果随机出现的图案符合赢钱规定，便是中了奖，许多硬币便自动掉下来。

己理所当然就成为幸运儿。想奖励孩子洗盘子？随机强化的做法也最有效。连续不断的愉悦感很快就会变成跟工资一样，但出人意料的奖励会维持惊喜的力量。

如果你担心这个策略会让你制造愉悦感的行动失去它原本的效果，去看一下两岁小孩跟艾蒙聊天的例子就知道会不会。更重要的是，想一想愉悦感的价值。的确，它可以刺激人讲积极的话，可以赢得忠诚，但这只是冰山一角。制造愉悦感的真正原因是让人感觉愉快。在我们这个高压、繁忙、孤独又麻木的世界里，创造出人意料的事，让某个人心情舒畅一整天，是我们能做的最有意义的事情之一了。

—— 速查表 ——

第八章

简短版本

当我们触发了愉悦感，就能赢得忠诚，刺激人们的口碑效应，提升生产效率，还会把平凡变成非凡。愉悦感可以让人感觉良好，这一理由足以让我们把它当回事认真对待。要制造愉悦感，先找到最有意义的期望值在哪里，然后超越它。

工具

● **低许诺／高兑现**：把期待设置得比你计划兑现的低一英寸或两英寸，然后兑现高于人们期待的。

● **埋藏曲奇饼**：在人们不会期待出现惊喜的地方（邮件里、一日三餐中，甚至在你的穿着打扮方面）埋藏一个让人小小惊喜一次的机会。

● **给一个"不为什么"的解释**：不做解释以强化愉悦感。

锻炼你的惊讶肌肉

你的一个朋友最近开了一家饭店，现在正忙着想给顾客制造愉悦感的办法。使用以上工具好好琢磨一下吧。作为惊讶事件制造专家，你会提出什么让人惊喜的想法呢？

第九章
制造体验
Chaper Nine

　　有多少人真的爱吃火鸡呢？从美国平均销售量判断，火鸡肉产业的前景似乎很惨淡。尽管人们对火鸡的需求在增长，但鸡肉仍然远比火鸡肉更出名。时间转眼到了11月，你进入一家超市，发现之前很平静且存货充足，而现在顾客行动匆忙，飞快地向收银台跑去，就像足球后卫胳膊下夹着20磅的足球在奔跑一样。是什么刺激了美国人的味蕾接受这个奇怪而又突然的转变？答案当然在于火鸡是感恩节体验的内在一部分。美国人并不是真在乎吃火鸡，而仅仅是要那种体验。让感恩节里的火鸡变美味的不是它的味道，而是它在那样一个充满小惊讶事件的日子里所扮演的角色。

　　现在来看一下全世界范围内年年都有的一个现象。你在自己家中泡一杯咖啡所用的咖啡豆成本只有几美分；随便在街拐角咖啡店买一杯打开即饮的咖啡则大概要1美元；在时尚咖啡店里喝同样一杯咖啡，花费将加倍（或三倍，看你去什么地方）。为什么？原因在于，你买咖啡豆，买的是商品；去商店买一杯咖啡，得到的是服务；而当你坐在咖啡店一边慢慢喝着咖啡，一边看着外边熙熙攘攘的大街，一边和朋友聊天，你享受的是一种体验。

商品、服务和体验的区别在于你接触它们时感受的惊讶程度。一方面，不管是一个物品还是一项活动，如果你每次得到的刚好是你期待的，那么它就是商品。进快餐店名义上来讲是一种体验，但如果我们每次得到的体验都是一样的，那就开始感觉像是商品了。另一方面，尽管一幅画只是一个物品，但如果你每次观赏时，它都能激发你产生新想法、新情绪而不断让你惊讶，也就发挥了体验的功能。

商品、服务和体验的差别远远不只是付多少钱的问题（尽管那样看待制造体验也不算是个蹩脚的原因），更重要的是，体验中有非常多的惊讶元素，你能通过它们与人建立更紧密的关系，留下鲜明的记忆。制造体验是惊讶事件制造者工具箱中最重要的工具之一。在本章，我们将通过惊讶的视角进一步探讨体验是什么以及为什么体验越来越重要。接着，我们将分享我们自己利用出人意料的力量来制造体验的独门秘方。

体验是什么，为何重要

在我们日常言语中，我们所说的"经历"（experience）表示"发生在我们身上的事"。从这个意义看，我们接触或观察到的任何事都是一种经历。我们在本章使用的"经历"一词不用这个含义，而是用和它相近的意思："体验"。如今，经济学家、设计师、娱乐人士、教育家，甚至科学家都在不断区分哪些物品和事件具有体验性质或不具体验性质。

我们是这样区分具有体验性质和不具体验性质的：商品（如葡萄）、货物（如葡萄酒）和服务（比如有人往你的杯里倒葡萄酒）都是老套乏味的，但体验则本质上就会让人感觉惊讶，它们是个人的、主观的事件，充满了未知和出人意料的东西。甚至像感恩节等传统的体验得以不断传承也归因于它们能让人们感到惊讶。你可以想一下任何重大的节假日，像圣诞节、万圣节、光明节还有你的生日，它们都是可预知的，你会感觉这些日子很惬意；但同样重要的是，它们也预示着惊讶的事情。最受欢迎的传统都是打包成礼物以问题的形式表现出来，比如"我会收到什么礼物？""我会见到谁？"，最棒的是"我会吃到什么？"。体验会让人沉浸其中，兴奋不已，不断触发我们的惊讶程序，这样我们就会不断地集中注意力，持续保持好奇心，不断地改变我们的看法，最后不断地与人分享我们的所见、所想与所感。

《体验经济时代》（*Experience Economy*）一书的作者B. 约瑟

夫·派恩与詹姆斯·H.吉尔摩是这样说的："商品是可替代的，货物是有形的，服务是无形的，而体验是难忘的。"[1]体验会萦绕在脑海里，让我们的图式发生转换，因此它们会定义我们的关系甚至我们的身份。体验的力量在顾客购买商品时很重要，因为体验会影响他们对产品、服务和企业的感觉。体验还会深刻影响我们的个人生活。

我们跟他人共同拥有的体验越多，我们之间的关系就会变得更加亲密。为生活增添各种体验而不是各种物质，甚至会增加我们的幸福感。正如心理学家伊丽莎白·邓恩、丹尼尔·吉尔伯特和蒂莫西·威尔逊写下的："买房的人花很多天挑选用于安装新公寓的硬木地板，完了之后发现他们曾经喜欢的巴西樱木地板很快变成了脚下不会注意到的地面。与此对比，他们曾在非洲游猎中黎明时分看到幼猎豹的记忆，会继续让他们感觉愉快不已。"[2]

硬木地板仅仅是硬木地板，而非洲游猎的体验中则含有无尽的感受，各种各样的情绪还有无数次的惊讶。所以，"金钱买不到幸福"的说法并非全然正确。如果你花钱去体验，就真的可以买到幸福。正如伊丽莎白在接受《纽约时报》的采访时所讲，拿同样多的钱，"去度假比买新沙发要好"。[3]

体验对人们的诱惑正在逐渐增大。趋势观察公司在2006年的一份报告中写到，顾客越来越"想感受惊讶，他们从一个短暂的体验换到另外一个体验，不断地在感觉褪去时花钱再买体验"[4]。自报告发表之后，这种趋势还在继续发展，人们在旅游和教育方面的花费日益攀升，即使在经济困难时期也是如此[5]。

为什么人们对体验越来越感兴趣？心理学家丹尼尔·平克在《全新思维》（*A Whole New Mind*）一书中称，因为我们太多的人已经满足了自己的基本需求，所以我们开始寻找意义和超越，而这两者都可以通过体验而得到。惊讶会让人们僵滞并激发好奇心的特质使得体验能让我们沉浸于当下。转换阶段让我们成长，而分享阶段则让我们与他人的关系更和谐。举个恰当的例子来说，对婚恋关系的研究显示，最幸福的夫妻都有一个共同的习惯，他们会追忆共同有过的体验，并一起为之开怀大笑[6]。

当然了，我们一直在谈论的似乎都是体验的积极面。任何人如果曾经在飞机上夹在两个身上有一股洋葱味的人中间，又刚好遇到气流不稳定颠簸不堪，他就明白不是所有的体验都是平等的（正如并非所有的惊讶是平等的一样）。就像《体验经济时代》的作者所指出的一样："把服务变成体验最简单的方式就是提供差服务。"[7] 对体验的重要性考虑得越少，我们就会在不经意间给别人创造了不愉快的体验。那么，我们该如何有意而巧妙地制造愉快体验呢？

制造体验的工具

在惊讶产业公司以及纽约生活实验室的几十个工作坊里创造了超过2500次惊讶体验之后，我们认为已经摸清了制造体验的一点门路。在本章剩下的部分，我们将向你展示基于惊讶科学来制造体验的秘诀：做一条串起体验的红线、激活感官、共同创造、绘制体验旅程图。

制造一条串起体验的红线

几年前，我们曾做客一个日本茶道仪式。仪式在一个小房间里举行，房间的天花板很低，榻榻米①地板闻起来像刚割下来的稻草一样。我们脱了鞋，盘腿坐在脚后跟上，房间里出奇地安静。过了一会儿，拉门"咝——"地轻声滑开，东道主向我们鞠躬，她带着茶釜、茶碗、粉末茶和木质器具等静悄悄进入房间走到我们对面。随后她关了门，仪式正式开始。

直到今天，我们仍然可以在记忆中再次体验到那泥土的气息、主人的蓝绿色和服衣袖沙沙作响的声音，以及主人把茶碗递到我们手里时那种温暖柔滑的感觉。我们只要回想起那次体验中的一个细节，整个体验都会浮现出来。

几周后我们参加了另外一场仪式，跟上次完全沉浸于茶道的那种庄严感形成了鲜明的对比。这一次，我们摇摇晃晃走进了布鲁克林的一个屋顶派对。派对里有吞火表演、烧烤还有绘画（还有，那群人在哼唱歌曲吗？）。当时的确让人沉浸其中，但我们离开时却感觉茫然，还有点头晕脑胀的。可以说，没有什么东西能把那次派对里的所有元素串起来。派对的东道主未能成功运用我们所说的制造体验的工具——制造一条串起体验的红线。

红线就是贯穿整个体验并把细节串在一起的一个想法。参与者如果感到迷惑或者不知所措，只要抓住心里这条红线，就能明

---

① 榻榻米，又称叠席，为日本传统房间内铺设地板的材料，供人坐或卧，传统上以稻草编织。

白自己正在体验的是什么。当客户到我们这里，请求帮忙让他们的会议、事件和工作场所更具体验性，他们认为我们一开始就会谋划惊讶事件。事实上，我们发现最有效的第一步是让惊讶跷板往确定性那一端倾斜，这就是红线的作用。当参与者清楚体验中的所有事是如何串在一起的，就会让自己进一步探索未知，并细细品味让他感到惊讶的东西。

一个主题、故事、话题、问题，甚至一种颜色都可以起到红线的作用。作为成年人，我们倾向于把主题当成很低劣的东西，很可能是因为我们参加过太多夏威夷烤猪宴①主题的派对或纸牌游戏主题的派对。但是请想一想，人们在桌游之夜、电视秀季末派对以及超级碗橄榄球赛派对上有多么兴奋。就连节假日的核心也是主题派对。作为一名惊讶事件制造专家，我们的同事汉娜·凯恩专门为成年人创办主题派对。她的公司"人人有约！"（Everybody's Invited!）曾就太空旅行、棉花软糖、鹿以及披头士白色专辑等主题制造体验。每一个新主题都能激发人们产生不同的互动并充分体验所参与的活动。

你可以让自己的红线很明确，但未说明的红线也可以神奇地制造体验。天天面包咖啡连锁店把创始人的童年贯穿在为顾客创造的体验中。店里的每一样东西，从粗糙的木桌到大咖啡杯（设计成双手拿的），它们的灵感都来自创始人阿兰·库蒙对自己在比

---

① 夏威夷烤猪宴，夏威夷传统的特色烤猪盛宴，主菜是用芋叶包裹放入地下大烤炉闷烤而成的烤猪肉，配以当地面包、芋头、蔬菜、热带水果等，宴会伴有歌舞表演，受欢迎的是草裙舞。

利时成长经历的回忆。大多数顾客不知道这个故事，但他们能感觉到有什么东西把进店后的体验联系在了一起。

红线甚至可以让工作更具体验性。我们帮助客户发现他们的价值和使命，然后通过创造有形的人工制品把价值和使命放大。这个做法可应用于个人、团队和整个企业。你可以通过选择自己整个星期想要集中研究的主题、物品或价值，给自己的工作创造一条红线。清晰（且鼓舞人心）的红线可以把我们带到令人惊讶的地方，让我们的体验更有意义、更难忘。

激活感官

跟太阳马戏团的粉丝聊天，他们会告诉你马戏团不仅仅是一个马戏团，它还是一种体验。每次行动都充满了惊讶的元素，不管是超人平衡技艺表演，还是扣人心弦的高空秋千特技表演，都是如此。但大多数观众不知道的是，马戏团里的惊讶元素不仅仅是壮观的视觉盛宴，嗅觉、味觉、听觉和身体感觉都是体验的一部分。太阳马戏团企业的经理杰夫·伦德告诉我们，每次演出的每一个细节，包括从帐篷里弥漫的爆米花的黄油味，到舞台布景的复杂结构，都是精心设计用来激活观众感官的。

介绍了制造红线这个工具后，下一个值得炫耀的制造体验的工具就是激活感官。你可能记得，在我们感到惊讶和产生期待的时候，感官会从环境中汲取当时几乎所有的信息。一种体验激活的感官越多，我们就会越充分地沉浸于当下时刻。想一下单纯的锻炼身体和一边听着摇滚主题音乐一边锻炼身体有什么区别，或者想一下看着新鲜面包和一边看着它一边闻着它的芳香、听着掰碎它发出的响声这两种情况又有什么区别。作家和制片人甚至都通过描述和视觉化来激活人们的感官。

我们让工作坊的参与者去发现能让他们的感官为之惊讶的东西，他们报告说体验环境时有了更强的感受。你可以自己尝试一下，每次只激活一种感官，看看你能发现什么。现在如果大吸一口气，你能发现你之前没有意识到的什么芳香吗？如果扫视一下房间，你能发现多少不同的颜色？当你把注意力转到自己的皮肤上，你感觉空气有多暖和、多寒冷或多潮湿？自主地激活我们的感官会让我们沉浸在当下时刻重新专注起来。

当然，同样重要的是，要记住被激活的感官发现的东西并非是必然让人愉悦的。尝着杯型蛋糕的美味同时又闻到了古龙香水的气味是一种体验，但不是愉快的体验（这就解释了为什么嗅觉影视①从来没有取得进展的原因）。要制造有效的体验，可以尝试把感官体验结合起来，既要出人意料，又要能让人感觉愉快。像大多数创造性的努力一样，要给世界带来令人惊讶的新体验要求你能冒一点险，还要反复尝试。

共同创造

从1986年开始之后的每年里，众多陌生人会赶往酷热与严寒

---

① 嗅觉影视，让影视能配合正在放映的画面生成气味。目前，通过技术释放香气已经不再困难，但也有更多的问题，比如，释放的各种气味可能混合成人们不想要的气味。

交加的内华达沙漠野外共同生活一周。他们在那里创造精巧的建筑物和艺术品，然后把所有的证据都毁掉并回归自己的正常生活。这个事件叫作火人节，现在已经非常流行，节日的协调者艰难争取许可，让所有感兴趣的人得以参加。1997年，狂欢节的参与者大约有1万人。短短三年内，这个数字跳升至25000人。截至2013年，大约有68000人参加了火人节[8]。

火人节这个例子完美地说明了我们的第三个制造体验工具：共同创造。在火人节里，这个概念称为"全身心参与"。参加火人节的人没有一个是站在局外观看的。如果你去了，就要做事。对火人节的组织者而言，这种哲学意味着放弃对事件的控制，拥抱让人惊讶的事情。参与者知道其中的不可预测性，但就是禁不住会更充分地沉浸其中。

即使你策划的不是像火人节那样传奇的体验，但是跟其他参与者共同完成创造也是挺可怕的事情，因为那意味着，只把体验制造到某一种程度，然后相信其他人能填满你留给他们的空缺。如果你在为自己的顾客设计体验，使用这个工具或许尤其难以容忍。在商界，我们的冲动是对产品的绝对控制，而共同创造一种体验意味着把惊讶元素请了进来，你怎么能保证处支配地位的顾客不会遭遇一连串不顺的事呢？

有一些企业，比如那些让你定制自己要买的东西的批发商，会用这个工具，他们在设计产品时会留小小的余地。其他的企业，比如那些不是提供死板服务的企业，在处理不确定性时，他们的做法是雇佣信任的人代表他们的价值观，不管这种体验会产生怎样的意外。还有像非会议①组织者等其他类型的，干脆放弃控制，等着看会发生什么事情。

共同制造体验的方法在课堂里也很有价值（尽管偶尔很恐怖）。教育者在自己完全知道期待的是什么时才感觉最安全，但学生在自己扮演积极角色、操纵模糊性以及创造让人惊讶的事情时才学得最好。塔妮亚在教大一新生时就遭遇了这种挑战局面。

学期进行到大约两周的时候，有一次，塔妮亚打开教室门，结果走进了一片黑暗，这件事的发生，让她最终掌握了教学的窍门。有人把灯全关了，教室内可谓漆黑一片。塔妮亚脑海里立刻响起两个声音。一个声音（相当理智地）说："找到开关打开灯。"另一个声音说："就让他们和你一起创造这种体验。"出于某种原因，她听从了后者。

塔妮亚不知怎么地终于走到了教室的前方，然后在一片黑暗中问学生，在没有灯的情况下，谈论什么可能更容易。接下来的几分钟里，只听到一阵咯咯的笑声和凳子嘎吱嘎吱的响声。随后有人建议，在教室内四处走动，和他人分享自己关于偏见的故事。这时理智的声音再一次响起："那可是会完全失控啊！"但另一个声音说："让我们拭目以待吧。"于是学生们就开始互相讲故事。

---

① 非会议（unconference），颠覆传统会议模式的一种会议，一般没有嘉宾贵客，没有权威，不设主旨发言，没有规定的休息时间、茶点时间等。话题由参与人员提供选题并进行投票选择；会场没有特别的限制要求；主题发起者担任某个小组的主持人；对参与人员没有职业、专业等限制。非会议的四个原则是：适客参会，适事发生，适时而启和适机而止。

在接下来的一个小时里，学生们在黑暗中讲故事的表现比之前在课堂里的表现更有思想，更有独创性，并且更加互相尊重。

自那天起，课堂文化和塔妮亚教学方法里的一些东西发生了变化。通过让学生和自己共同进行课堂教学，塔妮亚把惊讶元素请了进来，进而让这种体验变成了激发孩子特别是激发自己的东西。从那以后，她的教学计划发生了变化，以前是仔细设计要点，现在的教学计划则比较松散，加入了邀请学生参与的环节以改变课堂方向，然后按新方向共同前进。6年的教学之后，塔妮亚深信自己和学生共同创造的体验总是比她独自设计的更好。

绘制体验旅程图

在我们完成一个体验的设计并把它投放到世界之前，我们要使用最后一个工具，我们称其为绘制体验旅程图。先是把我们当作入口的东西设计到体验中，此时我们的目标是引入红线，创造一个可以引发人们探索的安全空间，激发人们为之惊奇。如果这个体验是做演说，入口可能是一个问题或故事。如果体验是送礼物，入口可以是发出寻找礼物的邀请。

中心区
激发感官
共同创造
制造惊讶和悬念

入口
引入红线
创造安全空间
激发人们为之惊奇

出口
结束体验旅程
回顾体验
留一个问题来思考

体验的要害之处在于它的中心区。这一部分就是你激活感官、与参与者共同制造体验的地方。中心区就是一点一点逐步展开惊讶元素，并用悬念和意义把这些惊讶元素串起来的地点。最好的中心区含有出人意料的迂回曲折情节，而同时又让参与者知道他们依然在向正确方向前进。在演说中，中心区包含进行对话、做练习和做示范。在送礼物的体验中，中心区就是揭开礼物面纱的那部分，理想的情况是揭面纱时每次只揭一点点。

最终，你来到体验的出口，即旅程的结尾部分。在这一点上，惊讶程序的寻找阶段应该把松散的结尾打包起来而结束旅程。由于大脑在寻找阶段对刚刚的所感与所了解的东西进行了思考，所以转换阶段和分享阶段此时也会发生。最后还有一点点体验所激起的惊奇之感会留下来萦绕于脑海，尽管这是挺理想化的情况。对于做演说的体验来说，出口或许是做一个总结，然后邀请参与者分享他们的见解。而对于送礼物的体验，出口或许是送礼物的人最终发一条短信，或者是收礼物的人使用礼物。

绘制旅程图的观点也适用于你给自己设计体验的情况。大多数人非常擅长制造体验的中心区，但他们一般忘了入口和出口。下一次你参加派对时，花点时间问一下自己，你希望从这次体验中得到什么，你好奇想了解的是什么。一旦到了该离开的时候，要对这次体验进行回顾，而不是打开邮件，把注意力转移到新事情上面。在体验结束后立刻转移注意力会让我们忘记其中大部分刚刚发生的事情。注意力的中断会阻止我们短期记忆里的信息转移到长期记忆里，而信息只有转移到长期记忆里面，我们才能不断读取回顾。在一个有源源不断刺激争抢我们注意力的世界里，我们面临的风险是，太快转移注意力而不能完整接受体验带给我们的影响。通过回顾体验，让一些惊奇的感觉继续萦绕于脑海而结束体验，可以让我们的体验永远存在脑海里。

你是否注意到我们在本章绘制了一幅旅程图？而走到这里，也就是说我们现在到了出口，需要把松散的结尾打包起来，然后留一个问题让你思考。简而言之，某一件事情越让人惊讶，就越是一种体验。体验让我们沉浸于当下时刻，把我们和他人以及周围世界联系起来，并给物品和事件赋予价值，甚至能让干巴巴的火鸡（或豆腐做的素食火鸡）变得美味可口。要通过制造体验来制造出人意料的效果，那就制造一条串起体验的红线，激活感官，共同创造并绘制体验旅程图。我们留下的唯一问题是：你下一次会创造怎样的体验？

第九章

简短版本

商品、服务和体验的区别在于你接触它们时的惊讶程度。越是让人感到惊讶，事情则更具体验性。体验能让人沉浸其中，让人难忘，还能促成转变。

工具

● **制造一条串起体验的红线**：单用一个主题或重复出现的信息把体验中所有元素统一起来。

● **激活感官**：通过刺激每一个感官（尤其是那些会忽略的感官），从而提升体验层次。

● **共同创造**：邀请参与者和你共同制造体验。留下空间供别人填充。

● **绘制体验旅程图**：为体验设置一个入口、中心区和出口。开始时创造安全空间并激起人们产生惊奇的感觉，结束时把松散的结尾打包起来，留下回想的时间，留一个问题萦绕于脑海。

锻炼你的惊讶肌肉

是时候拥抱你作为体验制造师的命运了。邀请一个人下周与你共进晚餐。现在开始策划，怎样才能把这个事件变成一种体验（美好的体验）?

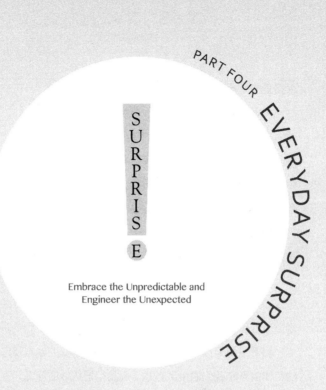

SURPRISE!

Embrace the Unpredictable and
Engineer the Unexpected

第四部分

天天有惊喜

我每天醒来，都希望今天甚至比昨天更加充满不确定性……

如果人生可以是一系列不间断的惊喜，

那这就是你能拥有的最快乐的体验。

——迪帕克·乔普拉

最亲爱的读者：

　　大多数节食计划不会执行很久，大多数建议不会让人坚持照做多久，大多数鼓舞人心的事也不会对人们有持久的激励作用。这些让人悲痛的事实是我们所有人不得不接受的。在生活中制造可持续的改变需要不断付出努力，而我们人类却喜欢保存精力，进化反而让我们变得懒惰了。我们偶尔还会堕入漫无目的的生活（即使是训练有素的惊讶学家也会这样），要抵抗这种人性中的怪事，最好的方法就是掌控习惯的力量。

　　在本书的最后这部分，我们请你想一想，怎样才能让拥抱惊讶事件和创造惊讶事件成为日常生活中的常事，怎样才能让制造惊讶事件成为一个习惯，而非只是大脑里偶尔难得的乐事？

　　要养成每天都感到惊讶的习惯，最有意义的地方就是我们的日常关系和我们的生活方式。当我们把巧妙的惊讶元素应用到自己身上以及和别人的互动之中，那么我们每天都能和别人和睦相处，也都会感到兴奋和满足。在这最后的两章中，我们将探讨如何通过惊讶事件培养日常关系以及如何让我们自己每一天都能感受到惊讶。

在最后的结尾再见！

爱你的惊讶学家们

第十章
培养日常关系
Chaper Ten

在80年的人生里，琼和迪娜见证了许多变化。她们完成了学业，爱上了后来一同走进婚姻殿堂的男人，和他们各自的家人总共在16个州里生活过，看着自己的孩子慢慢长大成人。但有一件事始终没变：她们从1934年7岁时见面后就一直是最要好的朋友。地理上的距离和生活的忙碌使得她们无法经常见面，但她们从来没有失去过联系。她们互相写信，互相寄送礼物。不管什么时候，只要有可能，她们就会见面。她们常常互打电话，分享各自的秘密、忧虑还有让人开怀大笑的事，甚至跟她们18岁时一个样。她们还互相支持对方度过人生中最艰难的时刻。光是看到她们两人在一起的样子就不禁让人产生敬羡之情，她们满脸绽放着微笑，相视的眼神中也流露着80年中满满的回忆。琼和迪娜做到的不仅仅是维持朋友关系，更是在精心培养这份关系。

我们的日常关系质量影响生活质量。基于塔妮亚和莉安娜我们两人之间亲密的关系以及职业伙伴关系的影响，我们对此深有体会。倘若没有我们的关系，这本书也不会存在（并且我们的生活也不会如此精彩）。培养关系是为身心健康做的最大投资之一，任何人都能做到。我们的朋友、同事、客户、婚恋对象、家人还有邻居对我们认识自己以及认识世界都有贡献。对这些关系投以回报，可以增强反弹力，激发灵感，促进成长，提高生活满意度。跟生活中的大多数事情一样，如果无心培养关系这朵鲜花，我们会发现身边围绕的杂草无意间都会掩盖住它。

培养日常关系的工具

你的关系之花不需要等80年才盛开。只要巧妙地把惊讶元素应用到关系之中，关系之花就会茁壮成长。不是偶尔用用，要每天都用。在本章，我们将分享基于惊讶科学培养关系的6个工具，它们分别是：保持复杂性、平衡同一性和差异性、平衡新奇和常规、遵循魔法比例、讲恰当的惊讶语言、追踪行为模式。尽管每种关系各有不同，但你会发现惊讶在每一种关系里都会发挥相似的作用。

保持复杂性

一大群人在黑暗中摇摆着身体，声嘶力竭地喊着，黄黄绿绿的探照灯光缓缓扫过去，照亮之处看到的都是一双双手随号角声冲着舞台握拳振臂，无数的人头跟着音乐猛烈攒动。几乎每个人都穿着黑色衣服，衣服上满是洞孔。从远处看起，它跟别的重金属演唱会没什么两样，但如果走近去听，你就发现有一些不同寻常的东西。在舞台上，一个男人双手紧抱麦克风唱着："我们每个人都会遭遇不幸，这没什么稀奇，管你是穆斯林还是犹太裔？世人多醉醒者少，而此刻创造改变的人就是你。"再走近一点去看，你还会发现其他一些出人意料的事：基督徒、穆斯林还有犹太人肩并肩站在台下一起大声唱着那歌词。

这样的场景是罪之孤岛乐队演唱会独有的。罪之孤岛乐队是以色列的一支乐队，它把欧美的金属元素与中东传统的声调、乐器和宗教内容融合在一起，注重表达对犹太粉丝和穆斯林粉丝的爱。在乐队粉丝论坛和脸谱网的页面上，没有关于政治和宗教的恶性争论，只有关于音乐的激烈对话，有时也有关于和平的热情讨论。在全世界各地，来自传统上四分五裂地区（以色列、约旦、埃及、巴勒斯坦、土耳其、伊朗等）的粉丝聚集到一起欣赏罪之孤岛乐队的演唱会，在不同背景下可能互相憎恨的人在这里变成了最好的朋友。

罪之孤岛乐队的粉丝能培养起良好的关系，原因在于他们使用了一个最重要的工具，那就是他们保持复杂性。他们没有保护对各自文化和宗教的图式，并让惊讶元素渗入了进来。在和原本会成为敌人的人建立关系之中，他们学会了这样的思考："我不喜欢这个人的信仰"，但与此同时我认为"他是个好人"。这个本领很难掌握，特别是在我们保护自己的图式而导致冲突产生的时刻更是如此；但当我们保持复杂性并把惊讶元素融入对自己关系的思考中，此时我们的关系就得到了一个茁壮成长的机会。

　　冲突研究学者罗伊·本-耶胡达告诉我们："研究显示复杂性很重要。好的方面在于，如果人们能够对自己的生活状况保持微妙的——甚至矛盾的叙述，他们在处理冲突过程中的满足感会更高，对他人也会更宽容，关系维持得更健康。不好的是，在遇到特别艰难的冲突时，复杂性有瓦解的趋势，这会使破坏性冲突加剧。因此，我们在生活中想办法增加和培养复杂性就非常有必要。"哥伦比亚大学冲突研究实验室的研究员已经发现，最持久的冲突就是，实际上极其复杂而参与者认为很简单并且不会让人感觉惊讶的冲突。"我是正确的，你是错误的"，"我们是好人，他们是恶人"，"你是煽动者，我是受害者"，这些都是用明晰的方式理解冲突的例子，它们会让我们的大脑感觉舒服，但也会让冲突更加恶化。

　　冲突既会给我们的关系带来最大的危险，也会带来最大的机会。当消极惊讶事件发生，不能保持复杂性的个人会转换对其他人的看法，并认为他们之间的关系在解决冲突时没起到什么作用。但如果通过保持复杂性并敞开胸怀接受惊讶事件，我们就会转换图式并利用冲突深化我们的关系。冲突不仅能让我们开阔视野，还能给我们机会向其他人表示，我们接受他们真实的样子。正如琼在采访中谈到她最好的朋友迪娜时所说："我们什么事情都可以分享，但仍然能相安无事。要跟太多的人保持这样的关系是不可能的。"[1]

　　要在关系往来中保持复杂性，那么，不管你在任何时候发现自己在用过于单纯的方式看待其他人，就要马上停下来，这包括对他人有过度积极的看法，比如，"他堪称完美""她聪明绝顶"等。当我们听到新员工说他的老板很完美，就知道那是个危险信号，他可是正在把自己推向不愉快的惊讶感受中。戴着有色眼镜看人或许让你感觉挺愉快，但戴无色透明镜片对培养持久的关系最有好处。要去发现并接受你生活中的人身上的复杂性和惊人的矛盾品质，甚至对你自身也要如此。弗拉斯·罗森伯格拍的照片曾获过奖，本身也是纽约公共图书馆常驻艺术家。但在描述自己时，她是这样对我们说的："我从没有把自己当成什么艺术家、表演者、摄影师，我只是对很多不同的事情好奇而已。"

保持复杂性的另一种方法是从更宏大的角度去寻找背景原因。我们的大脑认为我们的行为出于多种原因，但假定其他人的行为是性格使然，这种倾向性称为基本归因错误。如果某个人微笑，我们认为她人很好。但如果某个人厉声对我们说话，我们会假定她很粗鲁。我们不能任这种本能摆布，要养成提问的习惯，"导致这个人出现这种行为的其他原因是什么？"某人很粗鲁会不会是因为她今天过得很不顺？

在关于极其顽固的冲突的《百分之五》（*The Five Percent*）一书中，彼得·科尔曼（哥伦比亚大学合作与冲突解决国际中心的主任）指出，保持复杂性对大多数系统都很重要[2]。例如，心脏在停止跳动的前一刻会从复杂模式转换为单一模式。同样地，通过给在关系中扮演的角色和看待关系的视角加入复杂性进而拥抱惊讶事件，这样的关系往往才会成为最健康（且最令人满足）的关系。

平衡同一性和差异性

凯特琳和卡拉已经在一起生活了14年。他们第一次约会时，感觉就像时间从来不够用来发觉对方生活中的所有琐碎细节。"一想到对她没有什么了解，我就受不了，"凯特琳告诉我们，"这就像我必须抓住那个铁锹，然后不停地挖掘一样。"凯特琳和卡拉两人这样深深陷入惊讶程序寻找阶段的状态持续了好几个月。很快，他们的坚持不懈终于有了回报，但并不是他们希望的那样："现在她一开始给我讲故事，我就会说'我知道，我知道，这个故事早就听你讲过了'。"

跟大多数夫妻一样，凯特琳和卡拉开始恋爱时就极其强烈地想减少他们之间的差异性从而增加同一性。换句话说，他们想要找到方法，拉近两个人的距离，并感觉两个人越近越好。到今天，他们可以预知对方要说什么话、做什么举动和表现出怎样的面部表情，连他们的朋友都说，他们甚至开始看起来也很相像了。由于他们的关系里完全没有什么让人惊讶的事情发生，凯特琳和卡拉感觉很安全很舒服，但是他们丧失了差异性带来的激情，即惊讶事件产生的兴奋感和魅力。

尽管平衡同一性和差异性适用于任何类型的关系，但它给婚恋关系带来的挑战甚至更大。伴侣越感觉像家人，我们就越信任他们；他们越感觉像陌生人，我们就越渴望得到他们。这种矛盾就是终极浪漫之谜。我们被伴侣吸引是因为他们怀有很多秘密和让人惊讶的能力，而一旦我们解开了所有的秘密，并且我们的伴侣不能再让我们惊讶，那么我们就会对他们失去兴趣。从神经化学角度看，这种讽刺意味的事情可能是由多巴胺和后叶催产素两种物质此消彼长造成的。多巴胺和欲望相连，而后叶催产素被称为"拥抱激素"，即拥抱后很容易分泌的激素。当后叶催产素水平上升，多巴胺的水平就会急剧下降[3]。除了这两种对立力量的原因，另一个原因是，我们大多数人想在一种关系中既要有预知性又要有惊讶元素，既要有多巴胺又要有后叶催产素，既要有同一性又要有差异性。

心理学家埃丝特·佩瑞尔把这种现象称为欲望危机[4]。她采访了来自20多个国家的人之后发现，全世界范围内都有这个现象。每个人都渴望稳定和同一性，但他们又说，当他们和伴侣之间有距离时，伴侣对他们最有吸引力。这种距离可以是物理距离，比如分开一段时间；也可以是心理距离，比如我们的伴侣设法让我们惊讶，或者想给我们展示我们在他们身上通常看不到的一面。

单单从一定距离之外看着我们的伴侣就能产生这样的效果，特别是在他们做正经事和表现最好的时候更是如此。用埃丝特的话说，当"那个已经非常熟悉、非常了解的人偶然间再次变得有点神秘、有点难以捉摸的时候"，你的渴望就被激发了[5]。她说伴侣身上最吸引人的品质是光芒四射的自信，即他完全可以自给自足，并且内心世界既丰富又独立。

距离太远也不是理想状态。要感觉有趣、顽皮和自信，我们同样也需要感觉安全和被接纳。要冒险让自己增加对伴侣的吸引力，我们需要相信，当我们踏入崭新未知的领域时，不会失去他们对我们的尊重。其中的关键是在同一性和差异性之间找到平衡，这样一来，惊讶元素和可预知性因素才能在量上处于恰当的水平。

　　婚恋关系对平衡的需求是最突出的，但平衡同一性和差异性对所有关系都至关重要。回想一下自童年就是最好朋友的凯特琳和卡拉，他们分享各自内心最深处的想法，但她们各自也是独立生活的。这种平衡培养出来的关系既让人安心又催人振奋。在我们的工作中，我们看到同事之间也存在这种动态：如果距离太远，信任和合作会受到影响；如果他们共享的太多，生产效率和创新能力会大幅下降。甚至是在家庭中，过多融入其他成员的生活会导致他们不满，然而融入太少则会产生隔离感。

　　来看看下图中代表两个人关系的图表。A组合中两人之间太亲近，共享多于独立，同一性多于差异性，结果是安全感充足，兴奋感几乎没有。B组合是走了另一个极端，可能会感觉到兴奋感，但舒适感和安全感不够。C组合刚好平衡了惊讶跷跷板，"金发姑娘①奖"（Goldilocks prize）非他莫属。当然了，关系中的双方并不总是对称调和的。在某些案例中，第一个人或许了解第二个人的一切，但第二个人仍然是个谜。又或许第一个人没有安全感，而第二个人则感觉很无聊。第一个人想要惊讶元素更少一些，第二个人想要更多一些。

---

① 金发姑娘，外国民间故事中的小姑娘，在三只狗熊不在家时去狗熊家"做客"，嫌三碗炖菜中一碗太烫一碗太凉，三个凳子和三张床都是一个太硬一个太软，最后挑了其中刚合适的。

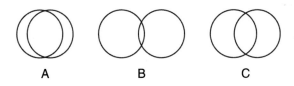

A   B   C

在像凯特琳和卡拉那样的关系中（如A组合所示），我们发现，要实现难以捉摸的平衡，需要发展个体的认同而非共有的认同。我们乐于把它看作向"同一账户"和"差异账户"两个账户中存款。要让"同一账户"的存款增多，个人需要收集共有的体验，并让对方能够了解各自的想法和感受。要往"差异账户"里投资，他们可以寻求独立的项目、爱好、朋友和体验。目标不是要让两人进一步疏远，而是不断让"差异账户"的存款增加，这样总有足够的基金去激发神秘事物的产生和制造让人惊讶的事件。

要发现周围人身上让你惊讶的一面，另一个方法是保持好奇心并假设总有更多的东西等着你去发现。苏把自己和丈夫戴夫的关系描述为"过期的比萨饼"或者"心电图上平缓的直线"。她是在梅西百货公司买圣诞节礼物时偶然悟出了这一道理。她的朋友一边在一大堆毛衣中翻找毛衣，一边问她戴夫最喜欢的颜色是什么。苏刚想说丈夫最喜欢绿色——因为她总是给他买绿色的衣服，但她突然觉得自己并不是非常确定。那天晚上和戴夫坐在沙发上看洋基队的一场棒球比赛时，她随口问戴夫最喜欢的颜色是什么，结果让她震惊的是，丈夫最喜欢的竟然是蓝色。戴夫问苏最喜欢的颜色是不是绿色，她回答说："不是，为什么你猜是绿色呢？"丈夫回答："你总是给我买绿色的衣服啊。""在那一刻，我脑中突然闪现一个念头，"苏跟我们说，"我开始想，我们相互给对方预设的事情到底还有多少啊，因此，我恍然大悟，关系中必须要保持好奇心。"通常我们都不会想到要平衡同一性和差异性，而总是到了发现我们的关系给自己带来的欢乐越来越少时才会去思考。所以，在问题开始酝酿发酵之前，想一想你每天怎样才能一点一点往"同一账户"和"差异账户"里存款。

平衡新奇和常规

30年前，一群朋友成立了一个美食俱乐部。从那之后的每一年里，他们都会聚到一张餐桌上享受美食[6]。俱乐部成员必须遵循这样几条重要的规则：轮流主持餐会，挤时间参加餐会（甚至在生活可能不允许的时候），不管自己做的菜怎样都要带一份到餐会。每一次聚会都有一个主题，从"爱达荷州风味"到"供诸神之希腊烹饪"等应有尽有。有时候烹饪策划很成功，有时候烂得一塌糊涂。随着时间的流逝，这些朋友越来越亲密，并且还做到了越玩越有趣。

美食俱乐部这个例子阐释了一个和同一性与差异性非常相关的概念，即在新奇和常规之间取得平衡。新奇事物会触发惊讶反应，能给我们带来一种本以为不太可能会有的体验，因为我们之前从没有过这种体验。常规的东西太少意味着惊讶元素太多，这会导致关系不稳定；新奇事物太少意味着让人惊讶的事情不足，这又会让关系变得枯燥无味。

在一组实验中，研究员调查了夫妻仅仅一起共度时光是否足够，或者说要保持爱的火花持续四射的新奇感是否有必要[7]。他们让一些夫妻分享他们认为愉快的体验（拜访朋友、做礼拜等），让另外一些夫妻分享伴侣认为新鲜兴奋的体验（滑雪、看演唱会等）。相比于单单分享愉快的体验，分享新奇的、引发惊讶反应的活动让夫妻关系满意度大幅度上升。但为了确定他们偶然找到的这个有意义的研究发现，研究员进一步做了更有创造性的实验。

他们在一个大房间里的四周摆放了很多垫子，房屋正中间设一个屏障。接着他们用尼龙搭扣带把每一对夫妻绑在一起，告诉他们用手和膝盖从垫子上走一圈绕过屏障，同时要用身体运一个枕头，不能用手、胳膊或牙齿，一分钟之内要走完一圈（这是真实的实验）。研究员给另外一组夫妻设定的活动没有这么让人感觉惊讶。夫妻中一人必须把一个球滚到房屋正中间，另一人慢慢把球收回放到房间的四面墙根处。实验结果是，只有让人感觉惊讶的、新奇的活动增进了关系的满意度。简而言之，在一起共度时光是重要的，但是只有这一点还不够，关键是既要共享愉快、常规的体验，也要在其中融入惊讶新奇的元素。

平衡新奇感与熟悉感对所有类型的关系都有益处。在我们的工作坊里，我们经常让参与者描述他们最满意的关系。让我们高兴的是，他们很多人谈到的都是跟客户建立的关系。常规的会议和电话创造的是安全感，而新奇的体验（从即兴骑双人自行车到一起吃不同寻常的饭菜等）则会激起惊讶反应和兴奋感。花几分钟想一下你自己的各种关系。哪种关系让你感觉不安全或不可靠？哪种感觉平淡无奇？你怎么做才能找到其中的平衡？

遵循魔法比例

心理学家约翰·戈特曼特别擅长预测已婚夫妇是否能长相厮守。他的预测实在是太准了，所以经常开玩笑说，正是因为此自己受邀参加派对的机会变少了。约翰曾预测了677对夫妇会离婚，结果准确率高达94%[8]。他说预测其实真的非常简单。预测一对夫妇的婚姻是否会破裂，最简单的方法之一就是看他们的积极行为和消极行为的比例是多少。他发现，离婚夫妇之间消极的互动（例如批评指责、撒谎、逃避等）往往多于积极的互动（例如互相聆听、互相帮助和感动对方等）。婚姻最稳定的夫妇不仅在消极体验和积极体验方面（"我回来迟了，所以给你买了一个礼物"）是平衡的，而且两种体验的比例也符合约翰所称的魔法比例，即5∶1的积极体验与消极体验[9]。尽管研究人员对于我们需要多少积极体验才能抵消一个消极体验有所争议，但魔法比例的总体概念在所有类型的关系中都适用，不管是私人关系还是职业关系。而比起消极体验，我们往往需要更多的积极体验。

我们人类已经进化到认为消极体验比积极体验更强劲。重要的是，在我们回想惊讶程序的转换阶段时，这一事实一定要铭记于心。我们的大脑在不断地建造并维护图式，而惊讶反应会强迫我们停下来，检查是需要调整图式还是进一步强化图式。魔法比例揭示的是，不愉快的惊讶反应比愉快的惊讶反应让图式发生转化的强度更大。这也意味着，积极的惊讶反应不会总是立刻就让图式发生转换，它促使的是逐步转换。如果你存储的积极惊讶反应似乎一直得不到回报，别急，要有耐心，要记住图式终将会发生转换（只是要在我们的图式收集到促使自身转换的足够证据之后才行）。

在与看似不能建立牢固关系的团队合作时，我们发现遵循魔法比例能产生有意义的转换。我们让团队成员回想他们最近收到以及给别人制造了多少积极和消极的惊讶事件。如果他们的比例与魔法比例有一段差距（几乎通常都有差距），我们就让他们制定计划去制造更多愉悦感，更清晰地表达自己的需求，从而设法预防产生失望情绪。

如果你最近无意间给某个人制造了消极的惊讶事件，你将付出5个积极惊讶事件（即惊喜）的代价才能让消除这个"赤字"。为了每天都强化我们的关系，我们可以定期向人们的图式账户中存入积极的惊讶反应，这样当消极惊讶反应出现时，我们的关系就已经足够牢固，可以轻松处理那些消极惊讶反应。

讲恰当的惊讶语言

豪以自己是个伟大的父亲而自豪。他的两个儿子都崇敬他、信任他，也非常喜欢和他待在一起，一直到他们十几岁时都是如此。当他第三个儿子艾伦出生时，他想："和艾伦保持好关系，这还不简单。"但等艾伦到6岁的时候，很显然他们两个人的关系跟他与前两个儿子的关系有所不同。不管他多么努力地尝试，似乎都不能与儿子建立纽带关系。随着艾伦长大，他们的关系越来越疏远。豪为和儿子建立关系所做的大多数努力都以失败而告终。为了给儿子制造惊喜，他尝试过给他买新衣服、新玩具，带他自助旅游，但每一次艾伦对这些惊喜的反应都像是他从中受伤了一样。这种关系太令人困惑了。豪争取保持开放的心态，设法保持兴奋感和稳定感之间的平衡，确保限制产生消极反应的惊讶事件而设计大量产生积极反应的惊喜。但是在这个关系拼图中，他还是缺少一个拼块：讲恰当的惊讶语言。这个工具的基础来自《爱的五种语言》（*The Five Love Languages*）一书的作者、神学家和婚姻顾问加里·查普曼的一个理论[10]。

根据加里的理论，大多数关系中产生的问题核心都是人们"说"爱的方式不匹配。在做了几百个采访之后，加里得出的结论是，爱有5种不同的语言：亲密接触（比如拥抱）、肯定的言辞（比如说赞美的话）、珍贵的时光（分享体验或深入交谈）、服务行为（例如帮忙做家务）和礼物（包括有形和无形的东西）。他发现，很多人通常感觉不到爱或他人的欣赏，单单是因为别人没有讲他们最主要的爱的语言。他在家人关系、夫妻关系和职业关系中都发现了同样的模式。

学习了爱的语言这个理论之后，我们意识到这个观点可以完美地应用到惊讶科学中。如今，在为人们设计惊讶事件之前，我们先花时间了解他们说的是哪种爱的语言。如果你的老板最容易受言语触动，那么即使是最精致的礼物也不会对她产生什么影响，但送她一个简单的手写卡片就会让她心情舒畅一整天。如果你的母亲最在乎与家人相处的珍贵时光，那么写一首赞美她有多么了不起的诗给她，就比不上跟她一起出去玩一天那么让她感到惊喜

（尽管你在诗中真的为"母亲"这个词找到了完美的韵脚）。

现在回想一下我们关于愉悦感的讨论。仅仅超过期望值是不够的，最重要的是超过其最重要的期望，讲"恰当"的惊讶语言。在任何关系里，要做到这点，我们都需要清楚其他人期待（希望）的是什么。通常情况下，这个问题的答案与我们的直觉是不一致的。

在豪和艾伦的关系中，等到豪一旦开始留意艾伦如何表达爱的时候，他们的关系才终于有了转机。他发现艾伦跟他另外两个儿子不一样，艾伦在上床睡觉或离开家之前总会说"我爱你"。豪会拍拍他的肩膀或点点头，觉得很难对儿子说同样的字眼，就是一想到说那样的话都会感觉不舒服和尴尬，他自己可不是在那样的环境中长大的。

一天晚上，豪决定改变自己一直对艾伦所使用的惊讶语言。他曾试过给他买礼物和策划令人兴奋的活动，但这些努力从来都不奏效。他取出纸和笔，在桌子上放好，盯着它们看了很长一段时间，最终提笔在纸上写道："我为你自豪。爱你的爸爸。"他把便条贴在儿子的门上，然后回房睡觉。第二天早上，艾伦没有提及纸条的事情，但他看到爸爸时笑了，并且还一起吃了早餐，这可是好几年以来的头一次。豪就这样发现了儿子的爱的语言，并且现在知道了哪些惊喜是最有意义的惊喜。

你自己的爱的语言是什么？哪几种惊喜最能让你感到愉快？哪些惊喜对你生命中的人最有意义？不要等着在特别的场合才展现给他们。点缀在关系中的小惊喜往往远远比重大而少有的惊喜更有意义。如果你不确定使用哪种语言，那就多留心别人如何给你制造惊喜以及他们是如何表达自己的爱和感激的，因为我们一般都是用自己希望接受爱的方式给别人爱。如果这种方法不起作用，尝试一下也不会产生什么伤害。

追踪行为模式

雷克斯在遇到杰拉尔丁之前一直非常固执孤僻，他从不信任别人，总是离群索居，而且常常表现出攻击性。杰拉尔丁当时的处境也比较困难，别人都认为她脾气暴躁且具破坏性。但当他们相遇之后，雷克斯身上的某些东西发生了改变。他不仅钟情于杰拉尔丁，对她很有耐心，而且对其他每个人也变得更友好。这种转变太超乎寻常了。然而让这个故事更不同寻常的是，雷克斯是一只德国牧羊犬，而杰拉尔丁是一只白天鹅，都住在英国萨默塞特郡的皮尤里顿镇马与动物救援收容所。他们一起吃早餐，在树林里散步很长时间，甚至每天晚上都睡在一处狗床里。雷克斯跟杰拉尔丁的关系的确很特别，但雷克斯跟他的训练员（不管是凶巴巴的还是老成温和的）的关系突然发生转变却并非如此。杰拉尔丁在动物收容所的出现是一件惊讶事件，打破了雷克斯的模式，使得他所有的关系都出现了一系列全新的行为。

我们培养关系的最后一个也是最喜欢的一个工具就是追踪行为模式。不论好的模式、坏的模式，还是无聊的模式，都会追踪。我们的模式就是不含任何惊讶反应的行为。它们是可以预测的，因此我们通常对它们视而不见。当我们开始追踪自己的模式，各种无限的可能性都会随之开启。想一下你自己关系中的各种模式。

你在跟同事聚会的时候，最让他高兴的是什么？让他不顺心的是什么？当你看望家人的时候，你们会因为什么而争吵？你们会因为什么而特别亲密？如果你对这些不确定，以后多留心点儿。当你发现在自己的关系中身处愉快或不愉快的情境时，先暂停一下，问问自己这样的情境是什么引起的。

不要忘记你本身也是模式的一部分。尤其是在冲突发生的时候，我们倾向于关注其他人做了什么导致情境变得更糟，而看不到自己对冲突的持续发挥了怎样的作用。尽管塔妮亚非常了解这个原理，但她在和自己的姐姐凯特的关系中偶尔也掉入模式的陷阱（有一些模式比其他模式更棘手）。在她们争吵的时候，塔妮亚自然而然地认为自己是无辜受害者，而她的姐姐是倔强的肇事者。她们之间典型的争吵是这样进行的：

凯特：你应该戴上手套。

塔妮亚：我没事，谢谢。

凯特：但是天很冷。

塔妮亚：可我不感觉冷。

凯特：给你，戴我的手套。

塔妮亚：我不想要你的手套！

凯特：为什么不要呢？

塔妮亚：因为我不冷！

在这个令人迷惑不解的争吵背后暗藏着一个模式，这个模式植根于长期以来的姐妹关系。凯特感觉受伤是因为塔妮亚不让她帮忙，塔妮亚感觉受伤是因为凯特践踏了她的意志自由。只有当塔妮亚停下来足够长时间发觉这个模式，她才会置身局外并意识到自己对情境的发展也有不可推卸的责任。她仅仅需要向姐姐的关心表达感激之情就可以停止这场"手套之战"（是的，凯特，这是我的书面忏悔）。

我们在追踪自己的模式时，就会了解自己的行为是如何影响关系的，我们也可以去发现那些让我们在一起获得最美好体验的模式。一旦我们知道了这些模式是什么，就可以复制它们。正如婚姻顾问米歇尔·威纳-戴维斯所说，我们可以"好用的多用，不好用的少用"[11]。最后，当我们发现了自己不喜欢的模式，我们可以掺入惊讶元素来打破这些模式。

回想一下雷克斯和杰拉尔丁的关系。相遇打破了他们的日常惯例和长久以来的习惯。他们不能再继续保持按同样的方式做同样的事情，因为系统中现在出现了新的东西。你只需要做一些你通常不去做的事情就可以打破关系中的模式。你姐姐给你手套时，不要抱着防卫心态，要感谢她，甚至可以拥抱她一下。不要再开那种员工预料之中既老套又乏味的会议，可以安排一次野餐，把会议搬到外面去。比起怎样打破模式，采取行动去打破模式更重要。尝试制造多种不同类型的惊讶事件，然后持续用好用的那几种。

想让关系之花茁壮成长，我们每天都要培养它，比如说今天。你的哪种关系最需要多加关注？你可以怎样在细微之处把惊讶元素运用到这种关系里？

── 速查表 ──

第十章

简短版本

我们的生活质量取决于日常关系的质量。每天（包括今天）都要培养你的关系。可预知事件和惊喜的平衡会让关系之花茁壮成长。

工具

- **保持复杂性**：同时站在相反立场对待自己和他人。

- **平衡同一性和差异性**：在你所知与未知的东西之间找到平衡，从而创造舒适感和神秘感。

- **平衡新奇和常规**：把令人兴奋的新体验和传统惯例结合起来。

- **遵循魔法比例**：注意关系中积极体验和消极体验的比例。确保制造的积极惊讶事件多于消极惊讶事件。

- **讲恰当的惊讶语言**：找到人们的爱的语言（话语、触摸、礼物、相处时间、服务行为），用他们觉得最有意义的方式给他们制造惊喜。

- **追踪行为模式**：发现常规的行为模式。好用的模式多用，不好用的模式少用。要激起改变，就必须打破你不喜欢的模式。

锻炼你的惊讶肌肉

你的一个朋友和交往了15年的朋友之间的关系出了问题。15年可是一段相当长的时间啊！他说这段朋友关系再也感受不到满足感，他们在一起没什么话题可谈，周末只是坐在一起看看电视而已。他知道你是个了不起的建议专家，所以向你求助。你会建议他怎么做?

第十一章

给自己制造惊喜

Chaper Eleven

　　塔妮亚认为自己是个非常快乐的人。她的朋友常常拿她取乐，因为她总是能极有趣地指出最坏情境中的一线希望（"但是从好的一面看……"）。她少有烦恼，整天笑呵呵的，一天下来脸都笑得酸疼。因此在前不久，当她察觉到自己变抑郁了的时候，她可是震惊不已。抑郁的原因并不是她为任何事情烦恼，更多的是她的日子过得没有了滋味，似乎没有什么事情能让她感觉愉快，没有什么事情能让她提起兴趣。

　　一切都是从塔妮亚接到了一些坏消息开始的，她为此忧愁了不少天。她等着希望自然而然快速从中摆脱，但那种感觉始终挥之不去，就像一个朋友躺在你的沙发上睡大觉，早已到了你开始讨厌他的程度却还是不走。就这样日复一日，几周转眼就过去了。一个月过去，当她起床后还是感觉浪费时间，她意识到必须做出一些改变。她在十几岁时吃够了抑郁的苦，现在可不想那种感觉再卷土归来，尤其是在知道生活可以如此美好之后就更不希望它回来。

她鼓起劲审视自己的生活，寻找问题出在哪里，可是什么问题也找不到。相反，她喜欢自己的工作，并且感觉自己在各种关系中都和他人相处得很好。既然如此，为什么那可怕而又含糊不清的忧伤感还是挥之不去？她又做了进一步的仔细观察，这一次她不再整体审视自己的生活，而是把注意力转到自己每一天的生活工作上。就是在那里她找到了问题所在。原来她每天的生活工作已经变成了常规惯例，完全可以预知。天啊，自己开着一家叫惊讶产业的公司，却给不了自己惊喜！真是岂有此理！

制造日常惊喜的工具

生活可以给我们惊喜，他人可以给我们惊喜，我们也可以给他人惊喜，但我们有可能给自己惊喜吗？大多数人认为这是不可能的。但是给我们自己制造惊喜不仅是可能的，而且极为重要，不仅仅在我们身陷困境或伤心难过的时候很重要，而且在我们每一天的生活中都非常重要。当我们感到惊讶的时候，我们完全沉浸在当下，极其好奇，视角得到扩展，并与其他人建立联系。换句话说，在感到惊讶时，我们会与他人更深刻地联系在一起，全然感到活着的感觉，这些回报对一个看起来滑稽的表情来说可不算吝啬。有时候生活会给我们需要的所有惊喜，但通常情况是否每天都给自己编织惊喜由我们自己决定。在这最后一章，我们将向你展示给自己制造惊喜的5种方法：收集新奇感、开启惊奇之旅、寻找震撼感、扩大舒适区、懂得感恩。

收集新奇感

塔妮亚为摆脱抑郁采取的第一步就是收集新奇感。在那一周，她新学了一节舞蹈课，买了一本新书，看了一场新秀，还安排了跟两个新认识的人见面。从心理学的观点看，新奇感只是你之前从未有过的体验而已，但它能让我们感觉惊讶，因为我们不知道从中会有什么期待，或者它会触发我们产生怎样的感觉和行为。

当研究员使用功能性磁共振成像技术（fMRI）追踪参与者的大脑对新奇事物的反应时，他们认识到了两件事情[1]。首先，新奇的刺激（以新图片的形式呈现）吸引到的注意力远远多于熟悉的甚至偏爱的刺激（比如参与者最喜欢的图片）。其次，大脑对新信息的处理方式与处理它已经见过的信息的方式完全不同，即便只见过一次也是如此。只有完全新奇的刺激才能激活中脑释放多巴胺。

除了能激活多巴胺（多巴胺会触发惊讶程序的寻找阶段），新奇事物还会激起转换阶段。它会在大脑里创造新的神经通路，几乎像是探险者横穿未知的大地一样。体验越独特、越令人惊讶，神经通路也就越独特，在神经层面上就跟罗伯特·弗罗斯特[①] 的

---

① 罗伯特·弗罗斯特，美国诗人，曾四度获得普利策奖。文中提的"人迹更少的一条路"来自罗伯特《未选择的路》（The Road Not Taken）一诗，"一片森林里分出两条路/而我却选择了人迹更少的一条/从此决定了我一生的道路"（顾子欣译）。

诗中那条人迹罕至的道路一样。这些新通路造成了行为的灵活性，并激发了新的感觉和想法。新奇感可以让我们走出困境，带我们进入新领域。

如果你在做新事情时感觉害怕或不舒服，那就考虑一下《超越框住的人生：如何在常规的世界过不平凡的生活》①（ *The Art of Nonconformity* ）一书作者克里斯·古里博提的建议。他在采访中告诉我们："你在尝试新事情的过程中会积累做新事情的勇气……然后意识到，你不仅不再害怕任何事情，而且发现新事情往往既有趣也很有意义。新事情不一定总是重大的事情，仅仅散个步或者去新地方吃午饭都是好的开始。"

开启惊奇之旅

是什么让爱丽丝梦游的仙境跟她生活中的现实有如此大的区别？你会说是逐渐消失的猫、会说话的毛虫，或者是因为爱丽丝可以不断变身，但是现实世界中也有数不清的让人着迷、让人惊讶的东西。这两个世界真正的区别在于，在梦中的仙境里，爱丽丝对所发现的一切感觉惊奇不已。她一直停留在惊讶程序的寻找阶段，而不是结束这个阶段。而在正常的生活里，她几乎从没有那样开放的心态。从爱丽丝到仙境的梦游之旅中，我们得到这样的启示：正是感到"惊奇"这一行为改变了我们的体验。惊讶反应会让我们心生惊奇之感，就像爱丽丝看到戴金表的白兔时不禁

---

① 克里斯·古里博.《超越框住的人生：如何在常规的世界过不平凡的生活》[M]. 王祖宁, 译. 深圳：海天出版社, 2012.

惊奇一样。但这个方程式倒过来也成立，当我们产生了惊奇感，我们也会感到惊讶。

在第六章，我们分享了一个叫产生好奇心的工具。好奇和惊奇都产生于惊讶程序的寻找阶段，但它们之间有没有什么细微的差别呢？你可以用点儿时间感受一下好奇是什么感觉，然后再感受一下惊奇是什么感觉，看看它们有什么不同。对于这两者，多数人是这样区分的：好奇迫使我们去寻找答案，而惊奇让我们回味那些问题。好奇是聚焦的，惊奇是开放的。据我们所知，惊奇从来不会害死猫。

要开启惊奇之旅，那就在生活中放慢步伐并仔细观察身边的一切。列奥纳多·达·芬奇曾在他的一个笔记本中写道："如果你盯着那涂了色或者用不同种类石头砌成的墙面看，你可以想象自己在墙上看到了高山、流水、岩石、树林、平原、宽阔的山谷还有形状各异的山丘，个个都美得跟画一样。你也可以从中看到战争、快速变动的数字、奇怪的脸庞和各种服饰，以及其他无数的东西。"[2] 你可以想象自己就是达·芬奇，去发现周围的一切——各种事情、不同的地方、各种动植物、形形色色的人，还有特别是你自己——让自己惊奇的东西。

在塔妮亚的例子中，新奇感让她摆脱了消沉的情绪，但把她从抑郁边缘拉回来的是惊奇感。她去公园漫步，积极地寻找让自己惊奇的事物，用全新的眼光去观察这个世界。在心里，她只有一个想法："无论看到什么东西，都要从中发现惊奇。"当时外边一直刮着大风，满街上飘着树叶，五颜六色的围巾在人们的身后

飘扬，看起来像披肩一样。塔妮亚慢慢地走着，时而呼吸空气中的芬芳，时而用手指摸一摸植物和篱笆，时而仔细地倾听各种声音。一阵风从水面吹来，然后她发现自己的影子映在了一棵树上，头发直直地翘立着，跟一团火焰一样，或者说像一个20世纪60年代的巨魔娃娃①。看到这样的景象，她脸上浮起了真正的笑容，这是她一个月以来第一次笑。

心理学家托德·卡什丹指出，轻微的惊讶反应藏在我们生活中甚至最熟悉的地方，他说："没有哪两个拥抱是一样的，没有哪两个比萨饼店的比萨饼切法是一样的，我们两次看电影《教父》(*The Godfather*)时的感觉也不会是一样的，以此类推。"[3]每过一秒，我们的世界就改变一点点，我们也跟着改变一点点。如果变化不够令人惊讶，我们的大脑就不会伤脑筋唤起注意力去关注它。但是当这些变化让我们感到惊奇，轻微的惊讶反应马上就会产生。

研究员蒂莫西·威尔逊和丹尼尔·吉尔伯特决定测试一下惊奇会产生什么效果[4]。他们让参与者一边看电影一边读几句话。其中一组读的是："我明白了。这才讲得通嘛。当然是这样。"另一

---

① 巨魔娃娃，又称丑娃或印第安毛孩，是一种有着五颜六色毛燥头发的玩具娃娃，以斯堪的纳维亚半岛传说中的"食人妖"为原型，造型很丑，却深受孩子和一些成年人欢迎。

组读的是："真让人惊奇。嗯？我还没明白呢。"接着，研究员调查参与者对电影的喜爱程度，以及他们在整个过程中产生了怎样的情绪。相比于那些读到确定含义句子的参与者，读到惊奇含义句子的参与者对观看的电影更喜欢，并且产生的情绪也远比前者更积极。研究员的结论是什么呢？感到惊奇会让生活更愉快。

寻找震撼感

想象一下你在以下情境中的感觉：盯着夜空里一颗颗流星闪闪划过；看着正在喷发的火山的内脏；站在漆黑的田野上，看到成千上万只萤火虫萦绕在田野上飞舞；听到几百架小提琴同时拉起发出的声音。你从这些情境中获得的是惊讶强度中被称为震撼感的一种情绪，就是"感到敬畏"的意思。震撼感是由一些极其巨大、极其复杂的东西唤起的惊讶反应，甚至当我们站在它们面前时都不敢相信有那样的东西存在。大自然是引起震撼感的最常见的事物，但是，独具匠心的设计、非凡的技艺、令人钦佩的正直感和绝妙的想法也会令人震撼。与所有的惊讶反应一样，震撼会让我们停下来，感到惊奇，转换视角，然后渴望与他人分享这一体验（这解释了游客总爱拍照片的原因），但在充斥着震撼感的这种惊讶反应中，转换阶段却有其独特之处。

震撼感让我们把自己重塑为极其渺小的样子，而把世界构造成巨大无比的样子。研究员发现，单单看让人震撼的大自然影片都会让人产生这种重塑的转换，并且还会让参与者觉得自己有了更多的时间[5]。心理学家把这种时间延长的现象称作"延迟的当下"

（extended-now），即感觉"当下"比通常片刻的时间都要长。震撼感还会让参与者更有耐心、更乐于助人。帮助他人会增强愉快感，因此震撼感不仅仅让人感觉震撼，还会提升我们的生活质量[6]。

我们必须积极寻找震撼感，因为它是极少有的情绪。无论什么时候，只要你可以，就让自己接触大自然，接触美，接触具有启发性的人和思想。生活在这个时间缺乏的世界中，你可能偶尔感觉自己不能从日常琐事中抽出足够的时间去寻找震撼感。但是反过来却是可以的，当你感到震撼时，你就会感觉拥有了全世界所有的时间。

扩大舒适区

我们惊讶产业公司的第一批客户之一是一位讲话温和的营养学家，名叫卡维塔，布鲁克林人。在电话中，她解释说想给丈夫哈梅尔一个惊喜，帮助他战胜轻微的恐高症。我们的惊喜策划团队相互紧张地看了其他人一眼，狼吞虎咽地吃完饭，然后开始为哈梅尔挑选制造怎样的体验，但直到事情的最后我们才明白其中的真相。

两周后，卡维塔和哈梅尔走过一条蜿蜒的小巷，如约出现在一座不太显著的建筑物前，完全不知道会发生什么事。这样说也不完全准确，卡维塔还是了解那么一点点的。她预计会看到丈夫局促不安，汗流不止，然后她一边轻拍丈夫的后背，紧握着他的手给他鼓励。但事实证明她大错特错了。

当然了，我们不会把策划的惊喜透露给他们，但我们可以对你说，我们的确是把卡维塔和哈梅尔带到几层高的楼上去了。而让我们每个人都没想到的是，哈梅尔却是欣喜若狂，整个过程都在咧嘴大笑，还说他可能找到了新的人生目标。卡维塔的反应也是同样地出乎意料，她惊恐万状。实际上，她害怕的程度简直是前所未有的，至今仍是我们惊讶产业公司历史上唯一一个在收到惊喜时呕吐了的人。在征求反馈时我们犹豫了很久。我们想，毕竟她都吐了，没有人喜欢吐的。但卡维塔再次给了我们一个惊喜，她说那是她人生中最好的体验之一。

卡维塔的故事现在对我们来说已经是寻常事件了，但它听起来仍然有悖常理。那些感觉是错误的事情怎么做起来却刚好正确呢？我们人类极其努力地工作，为的是让生活更舒适，实现可预知的结果，但当我们给自己制造惊喜并扩大了自己的舒适区时，会发现这才是最有意义的时刻。在卡维塔的故事中，我们看到了人性奇怪的悖论，莉安娜很久之前在做有关真正的快乐的研究时也发现了这个悖论，那就是：在事情确定的情况下我们感觉最舒服，但在不确定的时候我们最能真实地感受到自己的存在。

走出你的舒适区吧。这样的话你可能已经听了太多遍，因此它对你已经完全没了意义（并且或许甚至让你感觉有明显的俗气意味）。但对我们而言，当我们从惊讶的角度来审视它时，这个说法会给人耳目一新的感觉。从神经学角度讲，我们的舒适区就是我们感觉到确定性时所在的王国。在那里，没有惊讶反应的存在，我们感觉很平静，感觉自己在掌控一切。在舒适区想象的边界线之外是未知——肥沃的惊讶反应之地。踏出你的舒适区就是主动接触惊讶反应，至此，你已经知道为什么这样做会让人兴奋不已，但是除此之外还有更多的意义。当你从确定性的王国迈出一小步，并不只是你自己走了出去，你同时还把介于自己和无限未知之间的想象界限也拖动了。踏出舒适区，实际上就是扩大你的舒适区。

我们的大脑把信息分成两类：新信息和熟悉的信息。人一旦经历过一次新事物，这个事物马上就变成了旧事物。因此，尽管学完一堂弗拉明戈①舞蹈课就去跳弗拉明戈舞不会让你马上就感觉很舒服，但是你在第二次学任何课的时候，一定不会像第一次那样不舒服。

我们赞成保持惊讶跷板尽量平衡，所以不建议你不断远远跳离舒适区或者甚至逐渐跳出舒适区。有时候，安全感和稳定性很重要，而我们的舒适区是世界上最舒服的地方，我们时不时都需要依偎在安全毯中。但重要的是，我们要区分是选择待在舒适区内还是一直被舒适区俘虏在里面。要培养生活中会给你带来安全感和确定感的东西，特别是你的各种社会关系和价值观。但是一旦你有了坚实的基础，如果发现踏出舒适区还是感觉痛苦，那这正是在暗示你，是时候该踏出舒适区了。正如我们的肌肉在生长和拉长时也会疼一样，因此作为个体在成长的过程中，我们对自己的每一次认识都会感觉疼痛。

---

① 弗拉明戈，具有西班牙特色和代表性的艺术之一，融舞蹈、歌唱、器乐于一体，秉持了吉普赛的自由随性，融合了欧洲的高贵华丽以及美洲的奔放热情，没有固定动作，全靠舞者和演唱、伴奏者以及观众之间的情绪互动。

对于扩大舒适区还能给我们带来哪些额外的动力，我们可以想一下后悔这种滋味。在一项研究中，参与者受邀对自己在上一周里采取的行动和未采取的行动（例如他们想做什么事情但最终什么都没做）做评价，看哪一种行动让自己更后悔[7]。实验结果是，53%的人报告称后悔所采取的行动，47%的人报告称后悔未采取的行动。但这里有一个意想不到的转折：随着时间的流逝，对所采取的行动的后悔会渐渐淡去，且往往转化成自豪感；但对于没有采取行动的后悔却一直萦绕于脑海并不断发酵。当他们再次整体审视自己的人生时，仅有16%的人说后悔采取的行动，而表示最后悔没有采取的行动的人竟然多达84%。每天一寸一寸地扩大我们的舒适区，随着时间的流逝，最后我们会走出几英里远，并且在我们回想自己走到了哪里以及走了多远的时候，我们会感到很愉快。

学会感恩

什么会让你产生感激之情？你多久会心生感激之情？要预测生活满意度，最好的预测工具之一就是看我们定期会心生多少感激之情[8]。更多感恩=更多喜悦。这一点说起来容易做起来难。还记得期望值理论吗？一旦有什么事情让我们感觉愉快，我们的期望值就会往上升。如果新提升后的标准每次都能实现，期望值就会适应下来，舒舒服服地停留在那里。在那之后，当我们得到了期待的东西（即使是不可思议的东西），我们也不会有什么感觉。没有惊讶=没有感恩。此时，我们要自动把这一等式再转化回去，唯一的方法就是积极地学着对他人感恩，而不是无所事事坐等能激发感激之情的惊讶事件产生。

通过寻找我们会觉得失望，但按他人的标准又是完全正常的情境事例，我们可以重置期望值。一个全新的视角就可以将我们的期望值重置，让我们能再次愉快地接受惊讶事件。我们也可以掌控随机强化的力量，偶尔让自己享受一次奢侈的体验。时不时选择乘出租车而不坐公交并不会宠坏你的大脑，但如果乘出租车的模式对大脑来说成为可预知事件，那就等着看吧，你的大脑再也忍受不了坐公交车了。

最重要的是，要学会感恩，就要养成回头看自己已经走了多远的习惯。栗山塞萨尔·库里雅玛深受坚持感恩的启发，开发了一个完全用于智能手机的应用程序，仅仅是为了记录自己的回忆以供日后查看。该应用程序的名字叫"每天一秒钟"，可以把用户每天零散片段的经历收集起来。在一次采访中，塞萨尔告诉我们："有了这个应用，我想到了我的朋友……想到了多年前他们多么想要一份工作和一个体面的公寓，现在这些东西他们都有了，但现在这样的东西已经不是他们想要的了。现在他们完全想要其他东西，比如更好的工作，更好的公寓……并且我敢打赌，一旦他们得到了这些东西，就一定还会想要更多的东西。假如他们某天坐下来回想一下几年前是什么情形，难道不会很好吗？意识到他们现在已经拥有了曾经想要的东西……或许会庆祝一番……愉快地笑起来……或许会意识到他们现在拥有的实际上已经足够了……并且会成为更快乐的人。"心理学家很赞同这番话。研究人员发现，定期清点一下发生在我们身上的幸事可以提升我们的幸福感，让我们更加乐观[9]。下一次当你体验到惊喜的时候，试着这样做：停下来庆祝一下；心生感激之情。养成在每天夜晚上床睡觉之前、吃饭的时候或者在每天早上重新调节自己期望值的习惯。想一想你生活中所有美好事情的重要性和对其他相关事情的重要性，每天至少说出当天你经历的三件让你感觉愉快的惊喜事件。让人惊奇的是，我们越是学着感恩，生活就越会用让人感激的理由给我们惊喜。

像惊讶学家一样思考

每天只需要用一种方法给自己制造惊喜，不管是收集新奇感、开启惊奇之旅、寻找震撼感、扩大舒适区还是学着感恩，这些方法都可以。在日历上为惊喜计划好时间，不管什么时候你身陷困境或不知所措，把惊喜当作一个工具使用来帮助自己，或者最简单的方法是：像惊讶学家一样思考。问自己"惊讶学家会怎么做"，这个问题是你在本书中学到的所有见解和想法的捷径。

- 我不确定今晚该不该出去？惊讶学家会怎么做？
- 我该怎样结束这场争论？惊讶学家会怎么做？
- 我该说什么才能保持住每个人的注意力？惊讶学家会怎么做？
- 我该怎样做才能让我的生活更有活力？这个你知道怎么做。

我们马上就要大功告成了，但在结束之前，我们还要坦白一件事。本章所写的内容涉及的不仅仅是你自己。是的，给自己制造惊喜并像惊讶学家一样思考会让你的生活更加丰富多彩，但那只是一个小小的胜利。通过拥抱和创造惊喜，你可以让我们的整个世界都变得更丰富。你可以激起惊奇、培养关系、展现脆弱、帮助成长和激发创造力。你所需要做的只是不断问自己，惊讶学家会怎样做？

—— **速查表** ——

第十一章

简短版本

当我们感到惊讶时，我们会感觉与他人深刻地连在一起，并能全然感到自己是真实存在的。每天都给自己制造惊喜是幸福生活至关重要的一部分。

工具

● **收集新奇感**：尝试新东西，参观新场所，结识新人。新奇事物刺激多巴胺，而多巴胺这种影响神经系统的化学物质又与兴趣和动机相连。

● **开启惊奇之旅**：放慢步伐，用新视角观察这个世界。寻找你从没有发现过的小惊喜，多说"真让人惊奇……"，看看会有什么事情发生。

● **寻找震撼感**：多接触那些让你感觉自己是更巨大的某个事物中一部分的新体验，这些事物包括大自然、复杂的设计、非凡的技艺、令人钦佩的道德行为等。震撼感让我们对时间的认知放缓，让我们更加乐于助人。

● **扩大舒适区**：每天都把舒适区周围的想象边界向外拉伸。在心里谨记，随着时间的流逝，我们会后悔想做而没有做的事。

● **学会感恩**：养成定期重置期望值的习惯。

锻炼你的惊讶肌肉

你的终极使命是养成制造惊喜的习惯。你将怎样铭记"像惊讶学家一样思考"这个方法？选一个能暗示你的东西做你的锚。例如，每一次你听到汽车鸣笛的声音或看到一角硬币的时候，检查一下你有没有定期给自己制造惊喜。你的锚会是什么？每天都给自己制造惊喜。今天你可以用来给自己制造惊喜的简单方法是什么呢？问自己："惊讶学家会怎么做？"

完

真的，这次是真的完了。

惊讶档案

用这个空间粗略记下让你生命中的人感到惊讶的想法。

姓名	想法和制造惊讶事件的机会

（从这里起要保密）

绝

密

Embrace the Unpredictable and
Engineer the Unexpected

致谢

塔妮亚和莉安娜共同感谢：

每个曾预读本书并和我们一起梦游惊讶仙境的人：

阿什利·艾伯特：总有最奇妙的想法。

朱莉·杰克逊：提的问题最好。

贾森·福雷斯特：他的想象力让生活充满魔力。

史蒂夫·纳尔逊：有100岁老人的智慧和10岁小孩的怪念头。

托马斯·韦德尔-韦德尔斯伯格：创新和企业创造力领域的专家。

凯文·普伦蒂斯：总能取得成功的人。

马里科·戈登：在未知的世界里生活得很优雅。

233

帕洛马·梅迪纳：有巫师一般的洞察力。

栗山塞萨尔·库里雅玛：提醒我们当下是最重要的时刻。

华金·罗加：有才气、有创造性且非常慷慨，简直是三栖人才。

罗伊·本-耶胡达：我们希望下一次读到他写的关于惊讶的书。

拉加万·K. K.：像艺术家一样进行哲学思考，像哲学家一样进行艺术创作。

大卫·伯克：教会我们想得更宏远。

杰夫·沃思：教会我们像体验设计师那样思考。

汉娜·凯恩：对有趣的事严肃，在严肃的事情中找乐子。

贝姬·斯特拉：提醒我们坚信自己的观察力。

玛雅·吉尔伯特：从一开始就在我们身边。

我们的研究助理玛丽亚·古兹曼、乔纳·拉什卡斯、利娅·卡沙尼、比安卡·罗莎、丹尼·梅希亚、海伦·李、伊尔米拉·埃斯蒂尔和罗贝尔利·阿拉丁：你们处理数据时的努力、产生的惊奇感和无限的耐心提醒我们，跟优秀的人一起工作，科学也可以让人很快乐。

凯瑟琳·福塞特：冒险给了我们一次机会，甚至在充满不确定性的时候依然坚持到底。他会庆祝每一个胜利并摆脱各种阻碍。我们经常习惯于把他的电子邮件地址和令人兴奋的消息联系到一起。还有柯提斯·布朗团队：和我们携手走过这条起起伏伏、迂回曲折的惊讶旅程。

梅格·莱德：通过引导我们走向明晰的方向而拯救了我们的想法。她深信惊讶的力量，所以习惯戴不对称的耳环，给她的销售团队制造惊讶体验。把很多言语写成了一本我们都喜欢的书。还有Perigee团队：它的大胆、风趣和好奇瞬间让我们倾心。我们站得更高，因为知道有你们默默的支持。

纽约生活实验室LifeLabs的客户和学员们：感谢你们过人的才识和卓越的想法，感谢你们对生活实验室所做实验的热爱。

惊讶产业公司的客户、体验活动赞助商和志愿者们：感谢你们的勇气和风趣，感谢你们愿意踏入未知的世界。没有你们，我们仅仅是一群怪咖而已。

塔妮亚感谢的人：

我的学生：是我坚持前行并不断学习的动力源泉。

妈妈：笑得很夸张，简直跟哭一样。一直把我当成宝。

奶奶：曾经用坏掉的折椅给我做了一个秋千，在我荡秋千的时候读故事给我听。

凯特：我的商业伙伴，制造惊讶事件的伙伴，好姐妹，把不可能变成现实的人。

卡罗琳：她跳的胜利舞是胜利的象征，教会我留心小事。

斯卡莉特、洛基和斯普鲁什卡：在我写这本书的时候，它们用软毛和温柔把我团团围住，为屋里增添了鼻息声、咕噜咕噜声，还有甜美的狗狗梦和猫咪梦。

布莱恩：可能是我幻想出来的人，因为我曾想要的任何东西他都有。他是我的惊讶跷板上的确定性和惊讶元素。我从未感觉如此安全，从未享受到这般乐趣。

莉安娜：她发现任何事情都如此有趣，提醒你这个世界是个让人着迷的地方。我们的聊天就是一场冒险，在一起教学时，我总能从她那里学到新东西。我们写作的时候总是在一起，我对下一本书都等不及了。

莉安娜感谢的人：

妈妈：感谢您无限的慈爱，您的心胸如大海一样宽广。

爸爸：感谢您总是如此充满好奇心，感谢您教会我这么多生活的小道理，您从不害怕做真正的自己，也是我感谢的一方面。

我的家人、兄弟们和大家族：不管离开了多久，无论什么时候我和你们在一起，都会有家的感觉。

埃弗：狂热得像一匹马。还有埃勒：曾追逐过月亮。一想起你们两个女孩的名字我就会笑起来。

梅格：感谢你的风趣和你我之间这么多年的友情。我永远都不会忘记你在停车场偶然遇见我时对我说"做啥呢最近？"的情景。你最会拥抱惊讶事件了。

玛莎·格林、乔尔·韦德和卡尔·格拉默教授：感谢你们充满了惊奇的课程。

艾伦、蕾切尔、朱利叶斯、凯塔琳娜和弗里茨（恩格特家族84代传人）：感谢你们陪我们一起度过这么多愉快的日子。

德克：感谢你做我的灯塔、暗礁和桨手。我们一起走过了多少风风雨雨，与您同行，我真是太幸运了。

塔妮亚：用每一次谈话（再另加一件事情！）给我启发。我们一起走过了非常伟大的旅程。我期待未来80年的友谊无限愉快。

注 释

第一部分　了解惊讶

1　James A. Russell, "Is There Universal Recognition of Emotion from Facial Expression? A Review of the Cross-Cultural Studies,"*Psychological Bulletin* 115, no. 1（1994）: 102–141. doi: 10.1037/0033-2909.115.1.102.A review of research on the universality of emotions. Most studies have found that surprise is recognized in a wide range of cultures（most of all in Western countries）.
关于情绪普遍性研究的综述。大多数研究已发现，广泛的文化（西方大多数国家）承认惊讶的存在。

2　Andrew Ortony and Terence J. Turner,"What's Basic About Basic Emotions?"*Psychological Review* 97, no. 3（1990）: 315–331. doi: 10.1037/0033-295X.97.3.315.See pages 317–318 for a good overview of the debate on whether surprise is an emotion.
关于惊讶是否是情绪的辩论的概述。

第一章　大脑中的惊讶

1　Rainer Reisenzein, and Markus Studtmann,"On the Expression and Experience of Surprise: No Evidence for Facial Feedback, but Evidence for a Reverse Self-Interference Effect,"*Emotion* 7（2007）: 612–627. doi:10.1037/1528-3542.7.3.612.

2　EmanuelDonchin, "Surprise! . . . Surprise?" *Psychophysiology* 18, no. 5（1981）: 493–513. doi: 10.1111/j.1469-8986.1981.tb01815.x.Antonio Kolossa Tim Fingscheidt, Karl Wessel, and Bruno Kopp."A Model-Based Approach to Trial-by-Trial P300 Amplitude Fluctuations," *Frontiers in Human Neuroscience*

6, no. 359（2013）: 1–18. doi: 10.3389/Fnhum.2012.00359.Two reviews of the P300（for those who really want to dig into the science of it）.
两篇综述（供真正想了解该科学的人查看）。

3 Silvan S. Tomkins, *Affect, Imagery, Consciousness: The Positive Affects,* vol. 1（New York: Springer Publishing, 1962）.

4 In 2013, Tania Luna facilitated a Surprisology Studio for a group of students at NuVu Studio. They conducted an experiment together in which participants watched a video containing a surprise. They recorded participants' reactions to spot the Freeze and Find Phases of the Surprise Sequence.
2003年，塔妮亚为NuVu工作室的一组学生设立了一个惊讶学工作室。他们一起做了一个实验，让参与者观看含有惊讶元素的视频。他们录制了参与者感到惊讶时在惊讶程序的僵滞阶段和寻找阶段的反应。

5 Eva-Maria Gortner and James W. Pennebaker,"The Archival Anatomy of a Disaster: Media Coverage and Community-Wide Health Effects of the Texas A&M Bonfire Tragedy,"*Journal of Social and ClinicalPsychology* 22（2003）: 580–603. doi: 10.1521/jscp.22.5.580.22923.A fascinating examination of the consequences of disaster. For a less academic review, we highly recommend *The Secret Life of Pronouns* by James W. Pennebaker（New York: Bloomsbury Press, 2011）.

6 Norbert Schwarz, *Stimmung als Information: Untersuchungen zum Einfluß von Stimmungen auf die Bewertung des eigenen Lebens* [Mood As Information: Investigations on the Influence of Moods]（Heidelberg, Germany: Springer Verlag, 1987）.For an English account of how small surprises influence mood, see chapter 4, edited by Daniel Kahneman, Ed Diener, and Norbert Schwarz, in the book *Well-Being: Foundations of Hedonic Psychology*（New York: Russell Sage Foundation, 2003）,

7 Magnus Söderlund, "Customer Satisfaction and Its Consequences on Customer Behaviour Revisited: The Impact of Different Levels of Satisfaction on Word-of-Mouth, Feedback to Supplier and Loyalty,"*International Journal of Service Industry Management* 9（1998）: 169–188.The term *cognitive burden* in the context of surprise seems to originate from this article.

在关于惊讶的背景下使用"认知负担"这个术语源于此文章。

8   BernardRimé, "Can Socially Sharing Emotions Change Emotions?" in *Changing Emotions*, edited by Dirk Hermans, Bernard Rimé, and Batja Mesquita（New York: Psychology Press, 2013）, 91–96.Bernard Rimé, Batja Mesquita, Pierre Philippot, and Stefano Boca,"Beyond the Emotional Event: Six Studies on the Social Sharing of Emotions,"*Cognition et Emotion* 5（1991）: 436–466. doi:10.1080/02699939108411052.A terrific overview of the major studies and findings on emotion and social sharing.

情绪和社交分享方面的概述和主要研究。

9   Bernard Rimé, Pierre Philippot, Stefano Boca, and Batja Mesquita,"Long Lasting Cognitive and Social Consequences of Emotion: Social Sharing and Rumination,"*European Review of Social Psychology* 3（1992）: 225–258 [edited by W. Stroebe and M. Hewstone].See pages 248–252: The more surprising an event, the sooner and more we share it.

事件越让人惊讶，我们就会越快与更多人分享。

10   Catrin Finkenauer and Bernard Rimé,"Keeping Emotional Memories Secret: Health and Subjective Well-Being When Emotions Are Not Shared,"*Journal of Health Psychology* 3, no. 1（1998）: 47–58. doi: 10.1177/135910539800300104.

11   L. Michael Slepian, E. J. Masicampo, Negin R. Toosi, and Nalini Ambady,"The Physical Burdens of Secrecy,"*Journal of Experimental Psychology: General* 141（2012）: 619–624. doi: 10.1037/a0027598.

12   Todd B. Kashdan and Michael F. Steger,"Curiosity and Pathways to Well-Being and Meaning in Life: Traits, States, and Everyday Behaviors,"*Motivation and Emotion* 31（2007）: 159–183. doi:10.1007/s11031-007-9068-7.For a less academic account of curiosity, see the book *Curious? Discover the Missing*

Ingredient to a Fulfilling Life (New York: HarperCollins, 2009). Kashdan is as infatuated with curiosity as we are with surprise!
关于好奇心方面并非太过学术的知识，请参阅此书：托德·卡什丹.《好奇心》[M].谭秀敏，译. 杭州：浙江人民出版社, 2014. 卡什丹对好奇心的着迷跟我们对惊讶一样着迷！

⑬ Söderlund, "Customer Satisfaction and Its Consequences on Customer Behaviour Revisited."

⑭ "Professor Wolfram Schultz," Cambridge Neuroscience, University of Cambridge; neuroscience.cam.ac.uk/directory/profile.php?Schultz.A directory of Schultz's extensive research on surprise, ambiguity, and more.

⑮ Dolf Zillmann, "Sequential Dependencies in Emotional Experience and Behavior," in *Emotion: Interdisciplinary Perspectives*, edited by R. D. Kavanaugh, B. Zimmerberg, and S. Fein (New Jersey: Lawrence Erlbaum Associates, 1996), 243–272.A good introduction to excitation-transfer theory: when one emotion or experience "transfers" over into the next.
激发—转移理论的一个很好的介绍：一种情绪或体验"转移"到下一个情绪或体验。

第二章 世界中的惊讶

① JudithGoldsmith, "Statistic," American Federation of Certified Psychics and Mediums Inc.; americanfederationofcertifiedpsychicsandmediums.org/statistics.htm.

② Kiran Chetry, *American Morning*, CNN, February 6, 2009; transcripts.cnn.com/TRANSCRIPTS/0902/06/ltm.02.html.Includes an interview with Dr. Gita Johar.

③ Marion Martin, Gaynor Sadlo, and Graham Stew, "The Phenomenon of Boredom,"*Qualitative Research in Psychology* 3 (2006): 193–211. doi:

10.1191/1478088706qrp066oa.An overview of boredom research (including what causes it and how to reduce it).Irene Tsapelas, Arthur Aron, and Terri Orbuch,"Marital Boredom Now Predicts Less Satisfaction 9 Years Later,"*Psychological Science 20*, no. 5 (2009): 543–545. doi: 10.1111/j.1467-9280.2009.02332.x. Reinhard, Pekrun, Nathan C. Hall, Thomas Goetz, and Raymond P. Perry,"Boredom and Academic Achievement: Testing a Model of Reciprocal Causation,"*Journal of Educational Psychology* (2014): 1–15. doi: 10.1037/a0036006.

4 Alexander Marshack, *The Roots of Civilization: The Cognitive Beginning of Man's First Art, Symbol and Notation* (New York: McGraw-Hill, 1972).

5 Vernor Vinge, "What Is the Singularity?"paper presented at the VISION-21 Symposium, March 30–31, 1993; mindstalk.net/vinge/vinge-sing.html.

6 United Nations Cyberschoolbus, "Information and Communications Technology (ICT)"; un.org/cyberschoolbus/briefing/technology/tech.pdf.

7 Ray Kurzweil, "The Law of Accelerating Returns,"Kurzweil Accelerating Intelligence,March 7, 2001; kurzweilai.net/the-law-of-accelerating-returns.

8 Vernor Vinge, "What Is the Singularity?"

9 Yue Wang, "More People Have Cell Phones Than Toilets, U.N. Study Shows,"*Time*, March 25,2013; newsfeed.time.com/2013/03/25/more-people-have-cell-phones-than-toilets-u-n-study-shows.

10 Jeanne Meister, "Job Hopping Is the 'New Normal' for Millennials: Three Ways to Prevent a Human Resource Nightmare,"*Forbes*, August, 14, 2012; forbes.com/sites/jeannemeister/2012/08/14/job-hopping-is-the-new-normal-for-millennials-three-ways-to-prevent-a-human-resource-nightmare. Note: The U.S. Bureau of Labor Statistics warns that it is difficult to determine whether job hopping is really on the rise because there have been no cross-generational longitudinal studies. While it seems that there is a trend toward changing jobs more frequently, this rate of change may slow down as the economy becomes more stable.

注释：美国劳工统计局提醒称，很难确定跳槽率是否真正在上升，因为还未有跨越几代人的纵向研究。尽管似乎有更换工作更频繁的趋势，更换速度可能随着经济更加平稳而减缓。

11 Steven P. Martin, "Delayed Marriage and Childbearing: Implications and Measurement of Diverging Trends in Family Timing,"Department of Sociology and Maryland Population Research Center,October 2002; russellsage.org/sites/all/files/u4/Martin.pdf.Patricia Frank, "Rise of the Renter,"*BedTimes*, March 2013; bedtimesmagazine.com/2013/03/rise-of-the-renter-what-changing-patterns-of-homeownership-mean-for-mattress-manufacturers.

12 YouTube, "Statistics: Viewership"; youtube.com/yt/press/statistics.html.

13 Ellen Weissinger, "Effects of Boredom on Self-Reported Health,"*Society and Leisure* 18, no. 1（1995）: 21–32. doi: 10.1080/07053436.1995.10715488. High boredom scores resulted in more self-reports of poor health（for more research on boredom see note 3 in this chapter）.

无聊评分越高，更多的自我评量显示健康程度很差（想了解更多关于无聊的研究，参见本章第三个注释）。

第二部分 拥抱不可预测性

1 To learn more about the Emotion Regulation Lab, visit urban.hunter. cuny.edu/~tdennis/research.html.For more information about the Black Box experiment, see Ellen M. Kessel, Rebecca F. Huselid, Jennifer M. DeCicco, and Tracy A. Dennis,"Neurophysiological Processing of Emotion and Parenting Interact to Predict Inhibited Behavior: An Affective-Motivational Framework,"*Frontiers in Human Neuroscience* 7（2013）: 1–14. doi: 10.3389/fnhum.2013.00326.In this study, children's reaction to the Black Box was correlated with parenting style and children's neural reaction to negative

images. Kids whose brains reacted intensely to negative images were more hesitant to reach into the box, but only if their parents tended to focus on preventing harm and pointing out danger（rather than focusing on rewards）.

在本研究中，孩子们对神秘黑盒子的反应与父母培养他们的方式和孩子自己对负面图像的神经反应相关。对负面图像反应强烈的孩子在把手伸进盒子的事情上表现更犹豫，但只要他们的父母注重预防伤害并把危险指出来（而非仅仅只关注给孩子奖励），情况则不一样。

第三章　培养反弹力

1　Christopher F. Sharpley and Pricilla Yardley,"The Relationship between Cognitive Hardiness, Explanatory Style and Depression-Happiness in Post-Retirement Men and Women,"*Australian Psychologist* 34（1999）: 198–203. Suzanne C. Kobasa, "Stressful Life Events, Personality and Health: An Inquiry into Hardiness,"*Journal of Personality and Social Psychology* 37（1979）: 1–11.

2　Eric Klinenberg, "Adaptation: How Can Cities Be 'Climate-Proofed'?"*New Yorker*, January 7, 2013; newyorker.com/reporting/2013/01/07/130107fa_fact_klinenberg.

3　Matthew K. Nock, "Actions Speak Louder Than Words: An Elaborated Theoretical Model of the Social Functions of Self-Injury and Other Harmful Behaviors," *Applied & Preventive Psychology* 12（2008）: 159–168. doi: 10.1016/j.appsy.2008.05.002.

4　MihalyCsikszentmihalyi, *Creativity: Flow and the Psychology of Discovery and Invention*（New York: HarperCollins, 1996）.We highly recommend this book. Not only is it a terrific overview of creative thinking but it also examines the role of routine and surprise in creativity.
我们极力推荐本书，不仅因为它是创造性思考方面极好的概述，更是因为它考察了常规和惊讶在创造力中的角色。

5　"Five-on-Your-Side Is the Magic Number for a Personal Support Network,"

Nationwide, July 2012; nationwide.co.uk/about/media-centre-and-specialist-areas/media-centre/press-releases/archive/2012/7/five-on-your-side-is-the-magic-number-for-a-personal-support-network.

6 Tracy A. Dennis and Greg Hajcak, "The Late Positive Potential: A Neurophysiological Marker for Emotion Regulation in Children," *Journal of Child Psychology and Psychiatry* 50（2009）: 1373–1383. doi:10.1111/j.1469-7610.2009.02168.x. A review of reappraisal（that is, reframing）research and a study on reappraisal in children. All participants except for girls aged five to six showed neural reappraisal after they heard a neutral story describing a negative image.
一个针对儿童再评估（即重塑自我）研究的综述。除了5至6岁的女孩，所有参与者在听了对一个负面图像的中性描述后都表现出中性的再评估。

7 Pamela Weintraub, "The New Survivors," *Psychology Today*, July 2009; psychologytoday.com/articles/200906/the-new-survivors.

8 Karen Salmansohn, *The Bounce Back Book: How to Thrive in the Face of Adversity, Setbacks, and Losses.*（New York: Workman, 2007）.

9 Eva-Maria Gortner and James W. Pennebaker, "The Archival Anatomy of a Disaster: Media Coverage and Community-Wide Health Effects of the Texas A&M Bonfire Tragedy," *Journal of Social and Clinical Psychology* 22, no. 5（2003）: 580–603. doi: 10.1521/jscp.22.5.580.22923.

10 Lisa G. Aspinwall, and Atara MacNamara, "Taking Positive Changes Seriously," *Cancer* 104（2005）: 2549–2556. doi: 10.1002/cncr.21244.

11 Richard G. Tedeschi and Lawrence G. Calhoun, "Posttraumatic Growth: Conceptual Foundations and Empirical Evidence," *Psychological Inquiry* 14, no. 1（2004）: 1–18. doi: 10.1207/s15327965pli1501_01.

12 Quoted in Weintraub, "The New Survivors."

第四章　重塑自我的脆弱面

1　Karen Bartsch and David Estes,"Children's and Adults' Everyday Talk About Surprise,"*British Journal of Developmental Psychology* 15（2011）: 461–475. doi: 10.1111/j.2044-835X.1997.tb00741.x.

2　Ethan Kross, Marc G. Berman, Walter Mischel, Edward E. Smith, and Tor D. Wager,"Social Rejection Shares Somatosensory Representations with Physical Pain,"*Proceedings of the National Academy of Sciences* 108（2010）: 6270–6275. doi: 10.1073/pnas.1102693108.

3　Lewis, C.S. The Four Loves. New York: Houghton Mifflin Harcourt, 1960.
C.S.刘易斯.《四种爱》[M].王鹏,译. 北京：外语教学与研究出版社, 2010.
C.S.刘易斯.《四种爱》[M].曹晓玲, 译. 成都：四川文艺出版社, 2014.

4　Daniel Ellsberg, "Risk, Ambiguity, and the Savage Axioms,"*The Quarterly Journal of Economics* 75, no. 4（1961）: 643–669; jstor.org/stable/1884324.

5　Daniel, Ellsberg, "Reply,"*The Quarterly Journal of Economics* 77, no. 2（1963）: 336–342; jstor.org/stable/1884409.Uzi Segal, "The Ellsberg Paradox and Risk Aversion: An Anticipated Utility Approach,"*International Economic Review* 28, no. 1（1987）: 175–202; jstor.org/stable/2526866.

6　MingHsu, Mehul Bhatt, Ralph Adolphs, Daniel Tranel, and Colin F. Camerer,"Neural Systems Responding to Degrees of Uncertainty in Human Decision-Making,"Science 310, no.5754（2005）: 1680–1883. doi:10.1126/science.1115327.

7　Emma C. Winton, David M. Clark, and Robert J. Edelmann,"Social Anxiety, Fear of Negative Evaluation and the Detection of Negative Emotion in Others,"*Behavior Research and Therapy* 33（1995）: 193–196. doi: 10.1016/0005-7967（94）E0019-F.

8   Stefan T. Trautmann, Ferdinand M. Vieider, and Peter P. Wakker,"Causes of Ambiguity Aversion: Known Versus Unknown Preferences,"*Journal of Risk and Uncertainty* 36, no. 3（2008）: 225–243. doi: 10.1007/s11166-008-9038-9.

9   Elliot Aronson, Ben Willerman, and Joanne Floyd,"The Effect of a Pratfall on Increasing Interpersonal Attractiveness,"*Psychonomic Science* 4, no.6（1996）: 227–228. doi: 10.3758/BF03342263.

10   Brené Brown, *Expanding Perceptions*, TEDx video, 2010, http://youtu.be/X4Qm9cGRub0.

11   April 2012 Trend Briefing: Flawsome,"trendwatching.com, trendwatching.com/trends/flawsome.

12   Bernard Rimé, Pierre Philippot, Stefano Boca, and Batja Mesquita,"Long Lasting Cognitive and Social Consequences of Emotion: Social Sharing and Rumination,"*European Review of Social Psychology* 3（1992）: 225–258 [edited by W. Stroebe and M. Hewstone]; see pages 234–238.See also Bernard Rimé, Batja Mesquita, Pierre Philippot, and Stefano Boca. "Beyond the Emotional Event: Six Studies on the Social Sharing of Emotions,"*Cognition et Emotion* 5（1991）: 436–466.

13   LeeAnn Renninger, "A Darwinian Analysis of the Roles of Facial Attractiveness and Facial Expressiveness in Creating a First Impression,"thesis, Faculty of Natural Sciences, University of Vienna, 2004.

14   James Baraz and Shoshana Alexander,"The Helper's High,"Greater Good: The Science of a Meaningful Life,February 2001;greatergood.berkeley.edu/article/item/the_helpers_high.

第五章　巧妙应对未知

1   Rolf Verleger, Piotr Jaskowski, and Bernd Wauschkuhn, "Suspense and

Surprise: On the Relationship between Expectancies and P3, "*Psychophysiology* 31（1994）: 359–369.

2   Timothy D. Wilson and Daniel T. Gilbert, "Explaining Away: A Model of Affective Adaptation."*Perspectives on Psychological Science* 3, no. 5（2008）: 370–386. doi:10.1111/j.1745-6924.2008.00085.x.

3   Brendan Nyhan and Jason Reifler, "When Corrections Fail: The Persistence of Political Misperceptions,"*Political Behavior* 32（2010）: 303–330. doi: 10.1007/s11109-010-9112-2.

4   Stephen S.Hall, *Wisdom: From Philosophy to Neuroscience*（New York: Vintage Books, 2011）, 48–53.

5   Paul Saffo, "Strong Opinions Weakly Held,"*Paul Saffo* [blog], July 26, 2008; saffo.com/02008/07/26/strong-opinions-weakly-held.

6   Adrian Furnham and Joseph Marks. "Tolerance of Ambiguity: A Review of the Recent Literature,"*Psychology* 4, no. 9（2013）: 717–728. doi: dx.doi.org/10.4236/psych.2013.49102.

7   Paul West and David Lauter, "On Gay Marriage, Change in Public Opinion Has Been Big, and Rapid,"*Los Angeles Times*, March 26, 2013; articles.latimes.com/2013/mar/26/news/la-pn-gay-marriage-public-opinion-20130326.

第六章   提升创造力

1   Joe Sharkey, "Reinventing the Suitcase by Adding the Wheel,"*New York Times*, October 4, 2010; nytimes.com/2010/10/05/business/05road.html.

2   "History Timeline: Post-it Note Notes," Post-it; post-it.com/wps/portal/3M/en_US/PostItNA/Home/Support/About.

3 D. O.Hebb, *The Organization of Behavior: A Neuropsychological Theory* (New York: Wiley, 1949). Donald introduces the idea that neurons that fire together, wire together. He proposes that our brains form "cell-assemblies" or networks of associated ideas. Only once we have these cell-assemblies can we rearrange them to form new insights and ideas.

唐纳德提出了"一起激发的神经元会连接在一起"的观点。他提出，我们的大脑会形成细胞集群，或称联合观点的网络。一旦我们形成了这样的细胞集群，我们就可以将它们再组合，从而形成新的见解和想法。

4 "Shinkansen Train," AskNature; asknature.org/product/6273d963ef015b98f 641fc2b67992a5e#menuPopup.

5 Mary Oppezzo and Daniel L. Schwartz, "Give Your Idea Legs: The Positive Effect of Walking on Creative Thinking,"*Journal of Experimental Psychology: Learning, Memory, and Cognition* 40, no. 4 (2014): 1142–1152. doi:10.1037/ a0036577.

6 Hayagreeva Rao, Robert Sutton, and Allen P. Webb. "Innovation Lessons from Pixar: An Interview with Oscar-Winning Director Brad Bird,"*McKinsey Quarterly*, April 2008; mckinsey.com/insights/innovation/innovation_lessons_ from_pixar_an_interview_with_oscar-winning_director_brad_bird.

7 "Darryl F. Zanuck: Biography," IMDb; imdb.com/name/nm0953123/bio.

第七章　掌控注意力

1 Corey Kilgannon,"Dancing with Cars,"*New York Times*, November 1, 2013; nytimes.com/2013/11/03/nyregion/dancing-with-the-cars.html.

2 Thomas H. Davenpor, and John C. Beck. *The Attention Economy: Understanding the New Currency of Business*, (Boston, MA: Harvard Business Review Press, 2002).

3 "Changing Channels: Americans View Just 17 Channels Despite Record Number to Choose From"[Newswire], Nielsen, May 6, 2014; nielsen.com/us/en/newswire/2014/changing-channels-americans-view-just-17-channels-despite-record-number-to-choose-from.html.

4 "Online Dating Statistics," Statistic Brain, January 1, 2014; statisticbrain.com/online-dating-statistics.

5 Boguslaw Zernicki, "Pavlovian Orienting Reflect,"*Acta Neurobiology Experimentalis* 47（1927）: 239–247; ane.pl/pdf/4721.pdf. A review of Ivan Pavlov's theory. It turns out Pavlov was something of a Surprisologist too! 关于伊凡·巴甫洛夫理论的一个概述。原来巴甫洛夫也算是惊讶学家！

6 Jakob Nielsen, "How Long Do Users Stay on Web Pages?" Nielsen Norman Group, September 12, 2011; nngroup.com/articles/how-long-do-users-stay-on-web-pages.

7 Rob Weatherhead, "Say It Quick, Say It Well: The Attention Span of a Modern Internet Consumer,"*Media Network* [blog], February 28, 2014; theguardian.com/media-network/media-network-blog/2012/mar/19/attention-span-internet-consumer.

8 Jon Van, "Natural Selection: Rather Than Their Brains, TV Channel Surfers May Simply Be Proving Darwin's Theory,"*Chicago Tribune*, November 3, 1995, articles.chicagotribune.com/1995-11-03/features/9511030164_1_channel-surfing-attention-span-attention-deficit-disorder/2.

9 Virginia Heffernan, "The Attention-Span Myth,"*New York Times*, November 19, 2010; nytimes.com/2010/11/21/magazine/21FOB-medium-t.html?_r=1&.

10 Martin Guhn, Alfons Hamm, and Marcel Zentner, "Physiological and Musico-Acoustic Correlates of the Chill Response,"*Music Perception:*

An Interdisciplinary Journal 24, no. 5（2007）: 473–484. doi: 10.1525/mp.2007.24.5.473.

11 "Piano Staircase," The Fun Theory, September 22, 2009.

12 Seth Godin, "I'm NotSurprised," Seth's Blog [blog], February 24, 2007; sethgodin.typepad.com/seths_blog/2007/02/im_not_surprise.html.

13 J.J. Abrams, *The Mystery Box*, TED video, March 2007; ted.com/talks/j_j_abrams_mystery_box.

14 Andrew Stanton, *The Clues to a Great Story*, TED video, 2012; ted.com/talks/andrew_stanton_the_clues_to_a_great_story.

15 David Johnson, "The Element of Surprise an Effective Classroom Technique," *The Mathematics Teacher* 66（1973）: 13–16; jstor.org/stable/27959162.

第八章 制造愉悦感

1 Warren D. Houten, *A General Theory of Emotions and Social Life*（New York: Routledge, 2006）, 77–78.

2 John C. Crotts and Vince Magnini. "The Customer Delight Construct: Is Surprise Essential?" *Annals of Tourism Research* 37, no. 4（2011）: 719–722. doi: 10.1016/j.annals.2010.03.004.

3 Bernard Rimé, Batja Mesquita, Pierre Philippot, and Stefano Boca, "Beyond the Emotional Event: Six Studies on the Social Sharing of Emotions," *Cognition et Emotion* 5（1991）: 436–466. doi:10.1080/02699939108411052.

4 Karuna Subramaniam, John Kounios, Todd B. Parrish, and Mark Jung-Beeman. "A Brain Mechanism for Facilitation of Insight by Positive

Affect,"*Journal of Cognitive Neuroscience* 21, no. 3（2009）: 415–432. doi: 10.1162/jocn.2009.21057.

5　Wolfram Schultz, Paul Apicella, and Tomas Ljungberg, "Responses of Monkey Dopamine Neurons to Reward and Conditioned Stimuli During Successive Steps of Learning a Delayed Response Task,"*Journal of Neuroscience* 13, no. 3（1993）: 900–913. jneurosci.org/content/13/3/900.long.

6　Kent C. Berridge, "The Debate over Dopamine's Role in Reward: The Case for Incentive Salience,"*Psychopharmacology* 191（2007）: 391–431. doi: 10.1007/s00213-006-0578-x.

7　Randy Garner, "Post-It Note Persuasion: A Sticky Influence,"*Journal of Consumer Psychology* 15, no. 3（2005）: 230–237; media.cbsm.com/uploads/1/PostitNotePersuasion.pdf.

8　Ana Valenzuela, Barbara Mellers, and Judi Strebel, "Pleasurable Surprises: A Cross-Cultural Study of Consumer Responses to Unexpected Incentives,"*Journal of Consumer Research* 36（2010）: 792–805. doi: 10.1086/605592.

9　Timothy D. Wilson, David B. Centerbar, and Deborah A. Kermer, "The Pleasures of Uncertainty: Prolonging Positive Moods in Ways People Do Not Anticipate,"*Attitudes and Social Cognition* 88, no. 1（2005）: 5–21. doi: 10.1037/0022-3514.88.1.5.

第九章　制造体验

1　B. Joseph Pine II and James H. Gilmore, "Welcome to the Experience Economy,"*Harvard Business Review*, 76（1998）: 97–105. hbr.org/1998/07/welcome-to-the-experience-economy.

2　Elizabeth W.Dunn, Daniel T. Gilbert, and Timothy D. Wilson. "If Money

Doesn't Make You Happy, Then You Probably Aren't Spending It Right," *Journal of Consumer Psychology* 21, no. 2（2011）: 115–125. doi: 10.1016/j.jcps.2011.02.002.

③ Stephanie Rosenbloom, "But Will It Make You Happy?" *New York Times*, August 7, 2010; nytimes.com/2010/08/08/business/08consume.html?pagewanted=all.

④ "Transumers," Trendwatching, last modified November 2006; trendwatching. com/trends/TRANSUMERS.htm

⑤ U.S. Bureau of Labor Statistics, "Customer Expenditures in 2012," March 2014; webcache.googleusercontent.com/search?q=cache:OmwGe4ULx0cJ:www. bls.gov/cex/csxann12.pdf+&cd=1&hl=en&ct=clnk&gl=us.

⑥ Daniel Pink, *A Whole New Mind*（New York: Riverhead, 2006）.
丹尼尔·平克.《全新思维》[M].林娜, 译. 北京：北京师范大学出版社, 2006.
丹尼尔·平克.《全新思维：决胜未来的6大能力》[M].高芳, 译. 杭州：浙江人民出版社, 2013.

⑦ Doris G. Bazzini, Elizabeth R. Stack, Penny D. Martincin, and Carmen P. Davis, "The Effect of Reminiscing About Laughter on Relationship Satisfaction," *Motivation and Emotion* 31, no. 1（2007）: 25–34. doi: 10.1007/s11031-006-9045-6.

⑧ Joseph Pine II and James H. Gilmore, *The Experience Economy*（Boston: Harvard Business Review Press, 2011）, 107.

⑨ "Burning Man Timeline," Burning Man; burningman.com/whatisburningman/about_burningman/bm_timeline.html.

第十章 培养日常关系

① Ken Mammarella, "Crossroads: Best Friends for 80 Years,"（Delaware）*News Journal*, May 22, 2014; delawareonline.com/story/life/2014/05/21/

crossroads-best-friends-forever/9391447.

2 PeterColeman, *The Five Percent: Finding Solutions to Seemingly Impossible Conflicts* (New York: Public Affairs,2011).

3 HelenFisher, *Why We Love: The Nature and Chemistry of Romantic Love* (New York: Henry Holt, 2004), 91–92.
海伦·费舍尔.《情种起源》[M].小庄, 译. 长沙：湖南科学技术出版社, 2014.

4 Esther Perel, *The Secret to Desire in a Long-Term Relationship*, TED video, 2013; ted.com/talks/esther_perel_the_secret_to_desire_in_a_long_term_relationship.

5 同上。

6 James Patrick Kelly, "When Friends Get Together, Good Food Happens,"*Idaho Statesman*, May 31, 2014; idahostatesman.com/2014/05/31/3208627/when-friends-get-together-good.html?sp=/99/109.

7 Arthur Aron, Christina C. Norman, Elaine N. Aron, Colin McKenna, and Richard E. Heyman, "Couples' Shared Participation in Novel and Arousing Activities and Experienced Relationship Quality,"*Journal of Personality and Social Psychology* 78, no. 2 (2000): 273–284. doi: 10.1037/0022-3514.78.2.273.

8 "Research FAQs," Gottman Institute; gottman.com/research/research-faqs.

9 John M.Gottman, *Why Marriages Succeed or Fail* (New York: Fireside, 1994), p. 57.

10 GaryChapman, *The 5 Love Languages: The Secret to Love That Lasts* (Chicago: Northfield Publishing, 2009).

11 Michele Weiner-Davis, *Divorce Busting* (New York: Fireside, 1992).We recommend this book to everyone (even if you are not married and don't plan to be).

我们向每个人推荐这本书（即使你还未婚或未有结婚打算）。

第十一章　给自己制造惊喜

1 Nico Bunzeck and Emrah E. Duzel, "Absolute Coding of Stimulus Novelty in the Human Substantia Nigra/VTA,"*Neuron* 51, no. 3 (2006): 369–379.

2 Jurgis Baltrusaitis and Richard Miller, *Aberrations: An Essay on the Legend of Forms* (October Books)(Cambridge, MA: 1989), 61.

3 Todd B.Kashdan, *Curious? Discover the Missing Ingredient to a Fulfilling Life* (New York: HarperCollins, 2010).
托德·卡什丹.《好奇心》[M].谭秀敏, 译. 杭州：浙江人民出版社, 2014.

4 Yoaz Bar-Anan, Timothy Wilson, and Dan Gilbert, "The Feeling of Uncertainty Intensifies Affective Reactions,"*Emotion* 9, no. 1 (2009): 123–127. doi: 10.1037/a0014607123.

5 MelanieRudd, Kathleen D. Vohs, and Jennifer Aaker, "Awe Expands People's Perception of Time, Alters Decision Making, and Enhances Well-Being,"*Psychological Science* 23, no. 10 (2012): 1130–1136. doi: 10.1177/0956797612438731.

6 James Baraz and Shoshana Alexander, "The Helper's High."Greater Good,February 1, 2001; greatergood.berkeley.edu/article/item/the_helpers_high.

7 Thomas Gilovich and Victoria Husted Medvec, "The Experience of Regret: What, When, and Why,"*Psychological Review* 102, no. 2 (1995): 379–395. doi: 10.1037/0033-295X.102.2.379.

8 Peterson, Christopher, Willabald Ruch, Ursela Beermann, Nansook Park, and Martin E. P. Seligman. "Strengths of Character, Orientations to Happiness, and Life Satisfaction."*Journal of Positive Psychology* 2, no. 3（2007）: 149–156. doi:10.1080/17439760701228938.

9　Robert A. Emmons and Michael E. McCullough, "Counting Blessings Versus Burdens: An Experimental Investigation of Gratitude and Subjective Well-Being in Daily Life,"*Journal of Personality and Social Psychology* 84, no. 2（2003）: 377–389. doi: 10.1037/0022-3514.84.2.377.